产业集聚的原生性特征
与地区转型发展

CHANYE JIJU DE YUANSHENGXING TEZHENG
YU DIQU ZHUANXING FAZHAN

朱华友 李 涵 胡天宇◎等著

国家自然科学基金项目「企业再地方化与地区转型发展：机理与路径」（项目批准号："41571112）资助出版

浙江省自然科学基金项目「产业集聚的企业根植性、空间外部性与地区转型发展」（项目批准号："LY16D010002）资助出版

安徽师范大学出版社

·芜湖·

图书在版编目(CIP)数据

产业集聚的原生性特征与地区转型发展 / 朱华友等著. —芜湖:安徽师范大学出版社,2018.12

ISBN 978-7-5676-3879-2

Ⅰ.①产… Ⅱ.①朱… Ⅲ.①产业集群－关系－区域经济发展－研究－中国 Ⅳ.①F127

中国版本图书馆CIP数据核字(2018)第276841号

产业集聚的原生性特征与地区转型发展

朱华友　李涵　胡天宇　等著

责任编辑:彭　敏

装帧设计:丁奕奕

出版发行:安徽师范大学出版社

芜湖市九华南路189号安徽师范大学花津校区

网　　　址:http://www.ahnupress.com/

发 行 部:0553-3883578　5910327　5910310(传真)

印　　　刷:江苏凤凰数码印务有限公司

版　　　次:2018年12月第1版

印　　　次:2018年12月第1次印刷

规　　　格:700 mm×1000 mm　1/16

印　　　张:11.25

字　　　数:184千字

书　　　号:ISBN 978-7-5676-3879-2

定　　　价:38.00元

前　言

　　产业集聚是经济活动中的普遍现象,学术界对产业集聚的原因进行了广泛的解释,对产业集聚的特征进行了深入的分析,对产业集聚与地区经济发展的关系进行了大量的探讨。这些理论对地方政府的产业实践,起到了或多或少的指导作用。随着人们空间经济活动的持续开展,学者们总结出来的产业集聚模式多种多样,如块状经济模式、产业集群模式、特色小镇模式等,一些学者将这些模式称为产业集聚的1.0模式、2.0模式和3.0模式,划分的标准也不明确,大致有产业创新、产业融合和产业生态化等方面。可以看出,产业集聚模式是学术界和地方政府都非常关心的问题,因为这关系到地区发展的经济效率、地区经济发展水平的高度,甚至是地方政府的业绩。

　　实际上,根据不同的划分标准,产业集聚的模式有所不同,如根据地区集聚的企业是否本地化,产业集聚模式有内生型与外源型之分。根据企业集聚的推动力,产业集聚的模式可分为市场型集聚和政府导向型集聚。改革开放后,市场经济催生了大量的产业集聚现象,在浙江称之为块状经济,表现为众多的私营企业在一个地区生产和经营相同或相似的产品,主要产品是生活类用品,对技术要求不高。由于集聚的空间范围不大,一般不超过县域,所以有学者称之为"小狗经济"。在浙江的所有县域,基本上都有块状经济的存在,这也是浙江县域经济发达的原因。可以看出,浙江的县域经济之所以发达,是因为有私营经济的基因存在,因而这种集聚模式具有不可复制性。随着块状经济的进一步发展壮大,地方政府开始介入。介入的原因一是因为政府的服务功能使然,即地方政府有义务为经济活动的进行提供必要的基础设施和相关服务;二是块状经济的扩大需要引入政府的管理功能,维持市场秩序的稳定;三是中国的地方政府是一个区域性政府,具有区域性利益。逐利的性质使得地方政府愿意与市场经济合作,特别是在块状经济具有较好利益前景的情况下。

需要看到的是,我国的产业集聚应该是市场型和政府导向型并举的模式。如前所述,块状经济是典型的市场经济集聚,首先是市场自发组织,然后政府参与。而政府导向型的产业集聚,不同类型的开发区性质不同,集聚的企业类型也不同,如高新技术开发区,集聚的多是技术含量相对较高的企业。集聚模式不同,对地区经济发展的影响也不同,伴随地区经济发展进程,产业集聚模式也在不断演进之中。但是,什么集聚模式是最有效率的,是最有利于地区经济发展或转型升级的,大量的文献分析表明这个问题十分敏感,需要进行更多更深入的探索。

基于上述思考,本书认为,分析产业集聚模式对地区经济转型发展的影响应该从产业集聚的原生性特征出发。产业集聚的原生性特征包括企业根植性和空间外部性。因为,从产业集聚的过程来看,产业集聚首先是企业根植于本地,然后是企业之间相互影响并作用于地区发展。企业根植于地区,产生企业根植性,企业之间的相互作用产生空间外部性。因此,企业根植性和空间外部性是产业集聚与生俱来的两个原生性特征。但是从理论源头来看,企业根植性和空间外部性来源迥异。根植性理论来源于社会学,而外部性理论来源于经济学,两者在理论脉络上历来是平行和独立的,在学术研究上少有交叉。从这个意义上来看,本书试图将产业集聚理论研究向前推进并有所创新。

本书的主要观点如下:

(1)企业根植性和空间外部性是产业集聚过程中的两个原生性特征,研究地区经济转型发展应从这两个原生性特征的共同作用入手。

(2)企业根植性作用于地区经济转型发展的机理是企业空间意愿和地区粘性的共同作用,作用形式有"根植程度深,根植时间短""根植程度浅,根植时间长""根植程度浅,根植时间短"和"根植程度深,根植时间长"四种。从根植性的空间演进来看,企业根植于地区的程度取决于企业空间意愿强弱和地区粘性大小。一个企业根植的程度越深,那么它和地区的关系越密切,企业越能创造更多的价值,地区也能获得更多的收益。因此,根植性是在企业空间意愿和地区粘性的共同作用下,通过延长根植时间和增加根植程度来提升地区价值,获得与形成区域产业品牌,最终实现地区转型发展。

(3)关于空间外部性作用于地区转型发展的机理,一是金融外部性的共享效应,二是技术外部性的溢出效应,作用形式有"金融外部性强,技术外部性弱""金融外部性弱,技术外部性强""金融外部性弱,技术外部性弱"和"金融外部性强,技术外部性强"四种。

在不同的空间尺度上,空间外部性作用于地区转型发展的影响不同。从省域规模来看,空间外部性对浙江省、湖北省和广西壮族自治区的转型发展的影响不同;从城市规模来看,空间外部性对大城市、中等城市和小城市的转型发展影响不同;由于经济发展阶段和开放性等不同,空间外部性对我国东中西部地区的转型发展的影响也不同。

(4)根植性和外部性共同作用于地区转型发展的机理,主要是两者的共同作用对地区转型发展形成的累积循环效应,作用形式有"弱根植性,弱外部性""弱根植性,强外部性""强根植性,弱外部性""强根植性、强外部性"四种。对于地方政府来说,要利用产业集聚促进地区经济转型发展,必须从产业集聚的原生性特征出发,分析本地区发展过程中存在的问题,制定相应的发展对策和措施。

(5)基于根植性和外部性的地区转型发展的形式具有空间演化特征,表现为阶梯状的演进,处于最低阶梯的是"弱根植性,弱外部性"形式,表明地区转型发展能力最弱。处于最高阶梯的是"强根植性,强外部性"形式,表明地区转型发展能力最强。另外两个处于中间阶梯,表明地区转型发展能力介于两者中间。"弱根植性,弱外部性"形式可以通过加强外部性或根植性,向第二阶梯演进。同样,第二阶梯可以通过强化外部性或根植性向第三阶梯演进。

(6)基于根植性和外部性的地区转型发展的形式具有时间演化特征,表现为可能出现的路径锁定和负外部性。一些地区有可能在某时间节点形成路径锁定,不利于企业价值创造和地区产业品牌的形成,地区发展曲线向右下方倾斜。一些地区企业专注于产品模仿或技术"山寨"化,在低技术产品市场出现过度竞争现象,从而产生负外部性,地区发展曲线向右下方倾斜,影响地区正常转型发展。

本书试图在产业集聚理论方面进行创新:

一是将空间外部性与地区转型发展联系起来,对地区转型发展进行全新的阐释。以往的研究多是集中于静态的地方产业的空间外部性研究,并且以往的空间外部性研究多是集中于空间外部性本身效应的检验,少见空间外部性与地区转型发展关系的研究。

二是认为根植性和外部性是产业集聚的原生性特征,从根植性与空间外部性共同作用的关系视角来研究产业集聚下的地区转型发展。

三是从根植性和外部性共同作用于地区转型发展的视角出发,提出产业集聚的新模式。

目　录

第一章　绪　论

第一节　研究背景

　　产业集聚一直是经济地理学的重要理论命题,也受到来自经济学、管理学和社会学的持续关注。长期以来,学术界对产业集聚问题进行了广泛而深入的研究,提出了多种产业集聚的模式,将产业集聚理论一步一步向前推进。在实践上,结合中国的国情,地方政府对产业集聚研究进行了大量的探索,形成了多种多样的产业或功能集聚区。当前存在的主要问题是理论和实践之间仍缺乏有效的桥梁,即理论如何有效地服务于社会实践,有必要从理论和实践上予以回答。

　　首先,如何从产业集聚的原生性特征出发研究产业集聚对地区转型发展的作用机理,是亟需破解的问题。学术界关于产业集聚和地区转型发展的研究浩如烟海,但是对产业集聚如何作用于地区转型发展的内在机理表达仍然不够。从产业集聚的过程看,产业集聚首先是企业根植于本地,然后是企业之间相互影响并作用于地区发展。企业根植于地区产生企业根植性,企业之间的相互作用产生空间外部性。因此,企业根植性和空间外部性是产业集聚与生俱来的两个原生性特征。但是从理论源头看,企业根植性和空间外部性来源迥异,根植性理论来源于社会学,而外部性理论来源于经济学,两者在理论脉络上是历来平行和独立的,在学术研究上少有交叉。这个问题需要在理论上进行新的建构,以更好地指导地区经济发展的实践。

其次,如何衡量企业根植性和空间外部性。文献表明,对企业根植性的研究多为定性研究,主要原因是根植性的影响因素多且复杂,是经济、社会、文化和制度的综合体现,因此如何衡量企业根植性成为一个技术问题。空间外部性来源于外部性理论,是外部性作用于空间的表现。空间外部性包括金融外部性(pecuniary externality,通过规模效应所形成的外部经济)和技术外部性(technology externality,市场技术溢出)。其中技术外部性又包括了MAR外部性、Jacobs外部性和Porter外部性①,分别代表不同的含义,需要建立一个统一的分析框架。

最后,从实践上看,出于对地理邻近有助于节约成本和促进地方经济增长的盲目认同,我国地方政府在产业集聚的空间模式上多是以工业园区的形式出现,早期对转入企业的类型没有要求,造成了工业园区内大量低质企业的集聚,企业之间既无贸易依赖,也无非贸易依赖,缺少形成集群的必要的内在联系性和互动性。进入产业转移后期,产业联系的重要性被广泛认识到,一些地方开始实行"产业链招商",即引进企业时,引进整条产业链,并试图打造产业集群,结果是企业生产和贸易联系只在这条产业链的上下游之间或企业内部,与地方联系甚少,形成"二元根植性"②。

第二节　研究意义

针对我国产业集聚的实际情况,对地区转型发展进行思考具有重要意义。

---

① Porter外部性指市场结构和产业结构与地区发展的关系,似乎与技术性无关。但考虑到其与MAR外部性共同支持产业内集聚外部性的作用,本研究将其统一到技术外部性的框架中。

② "二元根植性"(dual embeddedness),即企业同时具有内部根植性与外部根植性的双重属性,在跨国公司内部表现明显。实际上,这种现象同样表现在很多"松脚型"(footloose)企业中。

（1）提出"促进地区转型发展"是结合国情深入研究集群理论的需要。产业集聚和产业集群的相关理论众多，国内也有大量论著，这里不再赘述。对于产业集群的研究，国内有学者在多年的实证研究基础上提出，地区转型发展问题的关键不在于是否存在产业集聚，也不在于产业集聚板块的多寡，也不在于产业集聚区域内的主导产业是朝阳产业还是夕阳产业，而在于这些产业集聚区域内的行为主体如何，处在产业部门价值链的什么环节，产业联系如何，是否依靠内力发展，等等。与此同时，我国部分地区未经深入研究和正确理解，跟风套用集群概念，简单化地打造"产业集聚区"，造成了浪费土地和资金等恶劣后果①。

因此，必须立足于国内外的相关理论基础，结合我国经济社会发展的动态实际，对产业集聚和集群理论进行深入研究，推动产业集群理论的本土化建设。

（2）提出"促进地区转型发展"是地区发展实践的需要。近年来，在空间集聚模式上，各地区无一例外地实行工业园区模式，这种模式是在土地近乎无限供给、政府实施税收优惠政策的条件下实现的。工业园区数量多、布局广，不仅有县级开发区，还有乡镇级工业园。在实施过程中，一些问题值得深思：如企业进入园区后绩效怎样？对地区经济增长、技术进步和区域创新产生了怎样的影响？园区如何实现从量的扩张到质的提升？如何认识并解决产业集聚过程中的共性问题？如产能过剩问题、劳动力短缺问题、环境污染问题等。

第三节 研究内容

本书从我国产业集聚的现象、问题入手，分析产业集聚的企业根植性问

---

① 以"产业集聚区"为名，搞"筑巢引凤"承接产业转移，往往只是美好的愿望而已。不讲人的创造力，不讲企业家精神，不讲技术创新，只是依赖自然资源禀赋和一般的区位条件，把发展的希望寄托于土地的开发和项目"大鸟"的飞入，这与基于创新和基于内力发展区域经济的产业集群理论背道而驰。

题和空间外部性问题。从地方根植性理论出发,分析不同行业、不同组织的企业根植于地方生产网络的程度,揭示企业根植性与地区经济发展的关系,提出产业转型升级的思考;从空间外部性理论出发,研究产业集聚的空间外部效应,揭示产业集聚中存在的问题,提出空间模式转型的思考;从企业根植性和空间外部性的关系出发,研究其相互作用的形式和机理,提出地区发展方向的思考。对产业集聚的典型案例进行研究,提出地区经济转型发展的路径。

本书共分为六章。

第一章,绪论,提出问题并对其研究背景和研究意义进行分析。

第二章,理论依据与文献回顾。首先,从不同的经典理论侧面分析产业集聚的原因。其次,将产业集聚的特征分为原生性特征和派生性特征,认为产业集聚的原生性特征有企业根植性和空间外部性,产业集聚的其他特征如地方网络、路径依赖、创新效应、集体学习等都是由根植性和外部性派生而来的。最后,从文献回顾的视角对地区转型发展的概念进行解读。

第三章,产业集聚的企业根植性与地区转型发展。首先分析根植性作用于地区转型发展的机理及作用形式。根据企业根植性程度深浅和根植于地区的时间长短,将企业根植性作用于地区转型发展的形式分成"根植程度深,根植时间短""根植程度浅,根植时间长""根植程度浅,根植时间短"和"根植程度深,根植时间长"等四种类型。然后分析企业根植性作用于地区转型发展的过程。在此基础上,进行典型案例分析,包括中国沿海外贸加工集群的根植特征与过程、富士康集团落户郑州的根植特征与过程。

第四章,产业集聚的空间外部性与地区转型发展。首先分析空间外部性作用于地区转型发展的机理和形式,将空间外部性作用于地区转型发展的形式分成四种,即"金融外部性强,技术外部性弱""金融外部性弱,技术外部性强""金融外部性弱,技术外部性弱"和"金融外部性强,技术外部性强"。然后分别以我国东中西部典型城市、典型省份和283个不同规模的城市为样本,分析其空间外部性对地区转型的影响。

第五章,根植性和外部性共同作用下的地区转型发展。首先分析了根植性和外部性共同作用下的地区转型发展的机理和形式,然后运用多个案例对四种形式进行了诠释,最后提出了根植性和外部性共同作用下的地区转型发展路径。

第六章,基于根植性和外部性的地区转型发展形式的演化。首先对空间演化的理论进行探讨,分别从产业集聚的内生性和外源性两个视角运用案例进行实证分析。然后对时间演化进行理论探讨,分别从根植性和外部性两个视角运用案例进行实证分析。

第二章　理论依据与文献回顾

第一节　产业集聚的原因

产业集聚,即某一产业在其发展过程中,许多企业在地理空间上集中的现象。它作为一种产业发展演化过程中非常常见的现象,长期受到国内外学者的广泛关注。学者们分别从外部经济、产业区位、增长极、竞争与合作、技术创新与竞争优势、报酬递增等角度探讨了其形成原因与发展机理。

一、外部经济理论的解释

外部经济这个概念最先是由马歇尔(Marshall)提出,其结合产业区的概念,认为产业集聚是因为企业为追求外部规模经济,选择在某一地域"扎堆"而形成的,与此同时,因为产业集聚而形成的熟练劳工市场和辅助性工业以及生产专门化的服务性行业,反作用于产业集聚,对产业集聚的不断发展起到了促进作用。

Marshall(1920)从新古典经济学的角度,通过研究工业组织这种生产要素,间接表明企业为追求外部规模经济而集聚,其理论的基石集中体现在"产业区"的论述上,并最终演化成纯经济分析中的产业集聚模型。他把经济规模划分为两类,第一类是产业发展的规模,这和产业的地区性集中有很大关系;第二类则取决于从事工业的单个企业的资源、它们的组织以及管理的效率。他把第一类的经济规模称为外部规模经济,把第二类的经济规模称为内部规模经济。Marshall 发现了外部规模经济与产业区之间的密切关系,他认为产业集聚是因为外部规模经济所致。Marshall 提到,企业内部的规模经济一般比较容易被人们所认识到,厂商也会尽可能使生产规模进一步扩大,而企业外部的规模经济同样是十分重要的。当整体产业持续增长,尤其是集中在特定的地区(产业区)时,会出现熟练劳工的市场和辅助性的工业,或产生专门化的服务性行业,铁路交通和其他基础设施也会得到一定的改善。产业区内协同创新的环境产生了集聚的"空气",这种流动的"空气"促进了知识量的增加和技术信息的传播。

Marshall 进一步指出,在同一个空间中,越多的企业集聚,就越有利于企业所需的生产要素的集聚,这些生产要素包括劳动力、资金、原材料、运输以及其他相关的专业化服务等。而生产要素的供给越多,越容易降低集群中企业的平均生产成本,而且随着专业化服务的不断提供,生产将更加有效率,该产业区也越有竞争力。

二、产业区位理论的解释

韦伯认为,一般的产业集聚的原因是运费、劳动力费、聚集效益三个因素共同作用的结果。而勒施(又译作廖什)的观点与之不同,他认为之所以形成工业区位即集聚现象,是因为该区位是能够获得最大市场利润的区域,而企业为了追逐自身利润最大化,会自然而然地聚集到该区域。

韦伯(1997)通过探索工业生产活动的区位原理,试图解释城市的人口与产业的集聚原因。其理论的中心思想是区位因子决定生产场所,将企业吸引到生产费用最小、节约费用最大的地点。韦伯将区位因子分成适用于所有工业部门的一般区位因子和只适用于某些特定工业的特殊区位因子,如湿度是纺织工业的特殊因子、易腐蚀是食品工业的特殊因子。经过反复推导,确定三个一般区位因子:运费、劳动力费、聚集效益。据此,他又把为工业寻求最优区位的工作分成三个阶段来进行:第一阶段,假定劳动力费与聚集效益都不起作用,单独研究在只有运费因子起作用的情况下,工业最合理的布局模式;第二阶段,加入劳动力费因子,研究工业布局模式发生哪些变化;第三阶段,加入聚集效益因子,研究工业布局模式相应地发生了哪些变化。

勒施(Losch)的区位论观点主要是利用利润原则来说明区位趋势,他把利润原则同产品的销售范围联系在一起进行考察(勒施,1995)。同时,勒施既从一般均衡的角度来考察整个工业的区位问题,又从局部均衡的角度来考察一个工厂的区位问题。他的理论与韦伯的理论不同之处在于,勒施并不认为工业的最低运输成本在工业区位趋势中起决定作用,他认为工业区位应该选择在能够获得最大利润的市场区域,因为一个企业的区位选择不仅受其他相关经济个体(如上下游企业、中介公司等)的影响,而且也受消费者、供给者的影响。

三、增长极理论的解释

Perroux 和 Boudeville(虽然他们对"增长极"的概念内涵界定不同)都认为产业集聚是围绕着"增长极"进行的。产业集聚现象之所以能够出现,是因为有"增长极"这个"风眼",将产生极化效应,从而形成了产业集聚。

"增长极"概念由法国经济学家佩鲁(Perroux)于1950年提出的。Perroux的增长极思想是建立在系统科学和自然科学(特别是现代物理学)基础之上的非均衡发展理论,其理论出发点是他的"经济空间"理论。他认为,经济空间是"存在于经济元素之间的关系",这种经济空间是对经济关系主要是产业关系的抽象和概括,而不是普通意义上的地理空间,它的重点是公司(或厂商)而不是区域。增长极是通过"力场"机制发生联系的,即通过推动性企业与其他企业的前向、后向、侧向联系带动周围地区的发展(Perroux,1950)。后来,法国经济学家布代维尔(Boudeville)将增长极概念的内涵从产业转向地理空间,认为经济空间是经济在地理空间之中或之上的运用,并由此得出其区域增长极的基本思想。20世纪60年代,Boudeville 把增长极扩展为相关产业的空间集聚,使这一概念本身的含义发生了变化,由经济增长概念变成了纯粹的空间术语。一般认为推动性产业能够导致两种类型的增长效应,一是里昂惕夫乘数效应,它通过现有部门之间的相互关系来发生;二是极化效应,当具有推动性的产业生产增加导致区域外的其他活动产生时,这种效应就发生了。因此,当政府将某种推动性产业植入某一地区后,将产生围绕推动性产业的集聚,再通过乘数效应以及极化效应,促进地区经济的增长。

四、新竞争优势理论的解释

新竞争优势从企业合作与竞争的角度来分析产业集聚的原因,认为产业集聚带来的企业间合作与竞争上的升级,是产业集聚形成的主要原因。

迈克尔·波特(2002)从企业之间竞争的角度出发,研究了美国、日本、英国等国家的产业集聚现象,从竞争的角度对产业集群进行了分析,并且提出了产业集群(industrial cluster)的概念,同时还创新地使用了"钻石"模型对产业集聚和产业集群进行分析。在波特的钻石模型中,创新在企业之间的竞争中起着非常重要的作用,产品创新或者工艺创新是企业能够在市场上不断扩张或保持市场份额的关键能力。波特认为,企业群落能够提高竞争优势:①企业能够提高群落内企业的生产率,使每个企业在不牺牲大规模企业所缺少的柔韧性的条件下,从群落中获得益处;②企业群落能够提高群落内企业的持续创新能力,并日益成为创新的中心;③企业能够降低企业进入风险,促进企业的产生与发展。这种由独立的、非正式联系的企业及相关机构形成的企业群落代表着一种能在效率、效益及柔韧性方面创造竞争优势的空间组织形式,它所产生的持续竞争优势源于特定区域的知识、联系及激励,这是远距离的竞争对手所不能达到的。

因此,他认为产业集聚的主要内容是其竞争力的形成和竞争优势的发挥,这是产业集聚对企业最具有吸引力的地方,也是产业集群能够形成并不断扩大的主要原因。同时他也指出,政府或者某些非政府机构在产业集聚过程中,也起到了一定的作用。

五、新经济地理学的解释

新经济地理学认为产业集聚是多方面原因导致的,其中最重要的原因是收益递增,即产业集聚到某一区域时会出现收益递增的作用,而这种收益递增也会促进产业集聚。与此同时,还提出路径依赖、历史偶然性等原因来解释产业集聚现象。

以克鲁格曼(Krugman)作为代表人物的新经济地理学派在经济研究中纳

入了空间维度,使Krugman的"中心—外围"理论成为新经济地理学派最经典的理论之一。Krugman认为两个对称的区域会分别发展成核心和周边区域,从而揭示了经济地理集聚的内在运行机制。他认为产业集聚中主要受三个效应驱动:一是市场准入效应,二是生活成本效应,三是市场挤出效应。前两种效应一起形成向心力,它有利于企业在地理上的集中,并且相互影响,共同发展;后一种效应则形成离心力,会使得企业在地理上扩散。与此同时,规模经济也是产业集聚的重要原因。规模经济是使得产业集聚产生优势的必要条件。如果没有规模经济,厂商可以在任何一个地域生产任何一种产品而不需要额外的成本。规模经济分为内部规模经济和外部规模经济,由于企业自身达到一定规模而产生的好处,称为企业内部规模经济;由于企业所在行业的发展或者企业在一定地区范围内的集聚而产生的好处,称为外部规模经济。可见,外部规模经济效应会随着企业在一定地区范围内的集聚而增强,从而诱导新企业进入,扩大产业集聚。除此之外,Krugman强调Marshall的外部经济和不完全竞争市场结构中巨大的与市场规模效应相联系的"金融上的外部经济",而忽略"技术外部经济",认为这个因素只会在高技术产业领域的产业集聚中产生效应,不具有普遍意义。由市场规模效应产生的金融外部经济在产业集聚方面具有显著意义(Krugman,1991)。

Krugman还认为,从产业区位形成的历史看,偶然性、路径依赖、初始条件起决定作用。由于某个"历史偶然性",使得偶然的区位事件发生,一旦这种事件发生,将可能具有某种长期集聚的结果。根据经济均衡竞争模型可以得到一个最佳的产业区位模式,而产业区位模式是由资源、要素禀赋、运输可能性的初始空间分布状况决定的。与此相对照,Krugman和Arthur提出,在产业区位和聚集经济中存在着不确定性成分,因此,其他的替代性均衡就有可能存在。哪种特定的空间活动模式均衡会最终出现取决于历史。最初的模式可能仅仅是一个"历史的偶然",因此,也许根本不存在任何意义的"最佳"。

六、其他学者的观点

Chinitz(1961)从产业组织理论角度研究产业集聚的形成,认为企业与产业组织是决定集聚经济的关键因素,并分析了其影响区域发展路径,以及影响学习、创新和企业家集体等的过程,所以中小企业集聚的地区往往能够超越大企业、单一产业地区的经济绩效。

Scott(1992)沿袭了"柔性专业化"导致劳动社会分工加强的观点,并运用交易成本理论,解释了产业群的形成机理。他认为,在劳动社会分工日益加深的前提下,企业间的交易频率增加,并进而导致交易总费用上升。由于交易成本与地理距离成正相关,企业通常在本地寻找交易对象,从而促成地方企业集聚的形成。Palivos & Wang(1996)构建了一个空间相互作用的动态一般均衡模型,得出人力资本外部性是向着集聚的向心力,另一方面,运输成本是主要的离心力。

第二节 产业集聚的原生性特征

依据产业集聚的形成过程及内在动力,将产业集聚的特征分为原生性特征与派生性特征。这个分类思想的来源是 Marshall 在其《经济学原理》中的派生需求的概念。Marshall 认为企业家原本的需求是对最终产品的需求,而对最终产品的需求所衍生出来的对生产要素的需求,即称为派生需求,也称为引致需求。也就是说,原生性指的是事物本来就有的特征,而派生性指的是事物在原生性特征作用下产生的新特征。根据这样的思想,本研究所谓产业集聚的原生性特征,指的是产业集聚从形成开始就有的特征,或者说是其本质特征。因此,本书认为根植性和外部性是产业集聚的原生性特征,而诸如地方网络、集体学习等特征则是由根植性和外部性派生而来的。

一、根植性

(一)文献回顾

一般认为,"embeddedness"一词是社会学概念,最早由 Polanyi 提出的,后来由 Granovetter 发扬光大,主体由"经济行为"延伸到了"企业、个人、网络"等,对象由"非经济制度""社会关系网络"延伸至"网络、地方、全球价值链"

等。需要特别指出的是,国内研究者对"embeddedness"有不同译法,经济学者喜欢译为"根植性",社会学者倾向译为"嵌入性"。丘海雄和于永慧(2007)试图区分"嵌入性""根植性"这两个产业集群研究中频繁出现的概念,认为"嵌入性"是分析经济行为如何受到历史、文化、制度、关系和社会结构影响的一个概念工具,而"根植性"是反映企业与本地生产体系的融合程度,但是缺少文献的进一步响应。Dalton首先将"根植性"用作经济分析,他指出,"非经济制度对于理解人类经济错综复杂的关系非常重要,宗教和政府等非经济因素在分析经济的有效性时所起的作用甚至等同于货币或者减少劳动投入"。之后Polanyi又对"根植性"进行了修正,认为"市场经济同样根植于社会和文化结构之中"。Granovetter(1985)在Polanyi的基础上进行了新的阐述,他认为根植性是经济行为对社会文化、价值观念、制度、风俗、关系网络等的依赖性。就本质来说,根植性是指一事物根植于其他事物的一种现象,是一事物与其他事物产生的联系以及联系的程度。

在Polanyi提出"根植性"概念之后,相关理论在文献中频繁出现,广泛运用于经济地理、区域发展、管理学等研究领域,且概念涵盖范围逐渐扩大。Harrison(1992)指出,企业创新网络成为影响产业根植性的重要因素。Grabber(1993)认为随着企业与区域行为主体的联系加强,对区域社会文化环境的根植性也越强,集群的发展将越顺利,反过来将更好地促进企业的发展和创新。Barber(1995)进一步研究了根植性概念及其发展意义,认为根植性重构将引发经济学、社会学等领域的重大变革。Uzzi(1996)基于企业绩效与根植性的关系研究,提出了"关系根植性悖论"。他在对曼哈顿地区服装业进行分析后,得出了根植性强度与企业绩效呈倒U型的具体结论,并总结了社会网络对集群可能带来的各种"锁定效应"。Dayasindhu(2002)将根植性理论运用于印度软件产业的分析上,认为集群内部的文化优势及其根植性程度成为影响软件业作为印度优势行业,以及该行业全球竞争力大小的关键因素。Andersson et al.(2002)关注企业内部的运营和价值链,并运用根植性理论进行了实证分析。Hagedoorn(2006)特别注重文化的研究,认为不同的国家由于文化不同,企业组织选择的合作方式也不同。

在国内,王缉慈(2001)基于经济地理学视角对企业根植性与地理集中的关系进行了研究,认为企业根植性即企业植根于本地的性质。根植性既有利于集群内部建立信任,又可促进集群灵活性的提高。她还提出企业扎根是形成良好区域创新系统的关键。庄晋财(2003)认为企业集群具有地域根植性的特征,并从经济、制度等方面研究了地域根植性的理论演进。赵蓓和莽丽(2004)则从FDI对产业集群根植性影响出发,分析了中国产业集群的发展现状。项后军(2004)从静态和动态两方面丰富了企业根植性的含义。盛其红(2004)从社会、制度、地理、认知四个方面分析了根植性在集群的生命周期中的作用和效应。鲁开垠(2006)指出根植性是产业集群网络的根本特征,并认为,若产业集群极具竞争力,说明该集群根植性程度深厚。耿建泽(2007)实证分析了不同强度地域根植性对于集群竞争力优势的影响,从而提出政府应因地制宜发展企业集群的政策建议。王静华(2007)认为地方根植性是一个不断深入的过程,既可以促进产业集群发展,但到了一定程度也会导致产业集群的衰退。金晓燕(2008)认为影响产业集群发展的根植性因素包括人力资本、自然禀赋、知识共享、制度保障等内容。盖晓敏和丛瑞雪(2011)基于生命周期理论的FDI产业集聚根植性研究,认为近年来外资不断撤离的现象与FDI集聚根植性有关。

随着根植性理论研究的逐步深入,国内外不同学者也从不同角度对根植性进行了分类(表2-1)。在国外,Zukin和Dimaggio(1990)对根植性进行了类型扩展,分为结构根植性、认知根植性、文化根植性和政治根植性四种类型。结构根植性的分析侧重于网络化,即企业、组织在网络中的地位和企业关系决定了企业能否把握住潜在的发展机遇,而后三项是从认知、文化及政治方面的根植性对企业经济行为的影响。根植性的集大成者Smelser(1992)其实也对根植性提出了早期的分类,包括结构根植性和关系根植性两类。结构根植性强调社会网络的总体功能和结构,并重视网络节点在社会网络结构中的位置;关系根植性强调互惠预期对关系网络的作用,并认为关系的质量、持久度和强度都会对网络产生影响。Anclersson et al.(2002)将根植性引入企业内部行为的分析,并将根植性分为业务根植性与技术根植性两类。Hess(2004)从行为主体的文化、政治等背景对个体行为的影响、个体组织间的关系结构、特定的区位等三方面出发,将根植性分为社会根植性、网络根植性和地域根植性。Hagedoorn(2006)在 Zukin 和 Dimaggio 的分类启发下,开始关注行为主体与其所处的环境、网络和双边关系情景之间的联系,提出将根植性分为环境根植性、组织根植性、双边根植性。

表2-1　根植性的分类

代表人物	根植性分类	研究领域
Smelser	关系根植性、结构根植性	产业集群根植性研究
Zukin & Dimaggio	结构根植性、认知根植性、文化根植性、政治根植性	经济行为与网络结构研究
Andersson et al.	业务根植性、技术根植性	企业内部的运营和价值链的研究
Hess	社会根植性、网络根植性和地域根植性	重视地域特性的研究
Hagedoorm	环境根植性、组织根植性、双边根植性	组织间合作、伙伴关系构建、文化的研究
赵蓓	经济根植、体制根植和社会根植	产业集群根植性的研究
刘恒江和陈继祥	地理根植性、社会根植性、认知根植性、制度根植性、组织根植性	产业集聚和集群根植性研究
鲁开垠	文化根植性、集群模式的根植性、产业根植性、社会资本的根植性	社会网络的研究
于永慧和丘海雄	网络根植性、制度根植性、文化根植性	产业集群与企业边界的研究
盖骁敏和张文娟	经济根植性、制度根植性、社会根植性和文化根植性	产业集聚根植性研究

注:根据 Smelser(1992)、Zukin & Dimaggio(1990)、Anclersson et al.(2002)等文献整理。

在国内,一些学者也对根植性进行了类型划分。赵蓓(2004)基于产业集群竞争力,对根植性进行了划分,包括经济根植、体制根植、社会根植。同时,她还在分析的基础上提出产业集群根植性应该有一个度的把握,提出了"适度根植性"并给出了相关政策建议。刘恒江和陈继祥(2005)认为影响集群根植性的因素来自资源、文化、知识、制度和地理这五方面内容,认为根植性是经过长时间积累而来的,这五方面内容的本土化程度直接影响着产业集群的集中度。因而将根植性分为地理根植性、社会根植性、认知根植性、制度根植性和组织根植性。鲁开垠(2006)认为产业集群根植性即产业集群本土化,有乡土性和扎根性两个特征。他将根植性分为文化根植性、集群模式的根植性、产业根植性和社会资本的根植性。于永慧和丘海雄(2010)综合学者们的观点,将根植性分为网络根植性、制度根植性、文化根植性等类型。盖骁敏和张文娟(2010)从FDI根植性角度分析近年来外资撤离的现象,并将产业集聚根植性分为经济根植性、制度根植性、社会根植性和文化根植性,并根据每个类型根植性所包含的相关内容设定了衡量指标。

从表2-1可以看出,Granovetter提出的结构根植性和关系根植性分类是最早、也是最多用于产业集群根植性研究的一种分类类型,极大地丰富了根植性的概念。后人都是在Granovetter的基础上,对根植性进行了更加细化的分类。国内学者大多是从影响产业集群形成的主要因素入手进行的分类。

基于上述根植性的分类,不少学者在运用根植性理论分析经济活动、经济行为时,开始分角度认识根植性的主体和客体,即"什么根植于什么",目的是为了更加明确影响经济活动和行为的不同因素。通过梳理近些年不同学者对根植性主客体的认识,并结合企业再地方化的研究内容,能够明确本研究运用根植性所研究的主体和客体如表2-2所示。

表2-2　根植性的主体和客体

研究领域	主体	客体
经济史	"经济":交换体制	"社会":社会和文化结构
商业市场	公司	制度和规范体系
新经济社会学	个体、公司	社会关系网络(个人之间的)
组织和商业研究	公司、网络	时间、共建、社会结构、市场、技术体制、政治体制等
经济地理学	公司	网络和制度设置

注:根据Hess(2004)整理。

不同的研究领域,根植性的主体和客体也是不同的。但可以看出多数领域中根植性的研究主体还是经济活动的行动者,客体是影响社会及网络发展的各种因素。本研究是从根植性视角来研究企业再地方化,根植性的主体是企业及相应的产业集群,客体则是能够对企业再地方化产生影响的经济、制度、社会及文化等因素。

国内测算根植性比较常用的方法是建立指标体系。基于不同角度,学者选取的指标也有所不同。宋军和张列平(2000)从产品市场开拓能力、科技创新能力、资本运作能力、管理能力、凝聚力和协调发展能力等七个方面建立指标体系。尹子民和张凤新(2004)更加细化了指标的选取,从企业的经营水平、经济效益和企业成长出发,选取了25个相关指标来建立评价体系。雷平(2009)以电子信息制造业的区域集聚效应作为实证背景,分析了2002年至2007年我国省际水平电子信息产业制造业的区域根植性特征。盖骁敏和张文娟(2010)选取原材料等中间投入品本土化程度、对本地市场的依赖化程度、与本地的技术关联程度、人力资本的本土化程度、对本地政策的依赖程度、对本地社会资本的依赖程度和本地文化对FDI的影响程度,来衡量FDI产业集聚根植性程度。杨振兵(2014)通过实证分析我国22个工业行业FDI根植性及其影响因素,认为我国FDI行业根植性相对稳定,不会迅速迁移。

(二)文献述评

从Polanyi最初提出"根植性"这一概念,到Granovetter对根植性概念的重新阐述和初步分类,以及随后不同学者的不断补充,使得根植性的研究理论及应用范围逐渐扩大,并成为社会经济行为的重要分析工具。虽然不同学者基于不同角度,对根植性理论有着不同的理解,但都基本认同根植性的核心是个体、组织的经济行为与区域社会各行为主体之间的联系及联系程度。个体行为总是根植于一定经济、政治、制度、社会、文化等环境之中,环境的差异和变迁,都会导致个体行为发生相应的变化。

国内外对根植性的研究内容大体包括根植性的内容、根植性的分类、根植性与产业集群的关系、根植性与集群竞争力之间的关系、根植性的测算等。从文献上看,国内学者对根植性的研究大多集中于根植性与产业集群的关系,根植性强弱对产业集群及地方经济发展的影响等内容。本研究在前人研究的基础上,运用根植性理论相关内容,尤其是根植性的分类,来构建分析框架,从经济、制度、社会、文化四个维度对企业根植性进行研究。

二、外部性

(一)马歇尔的外部经济理论

最早提出与外部性相关概念的是马歇尔,他在《经济学原理》一书中,首次提出了"外部经济"的概念。在马歇尔的观点中,除了土地、劳动和资本这三种生产要素之外,还有一种生产要素,他把这种生产要素称之为"工业组织"。他把分工、机器设备的改良、产业的集中和企业管理等因素都列入"工业组织"中。马歇尔用"内部经济"和"外部经济"这两个概念,来说明工业组织的变化如何引起产量的变化。"内部经济"是指由于企业内部的各种因素导致的企业生产成本的下降,这些因素包括员工的工作热情、员工工作技能的提高、内部合理的分工和管理等。"外部经济"是指由于企业外部的各种因素所导致的生产成本的减少,这些影响因素包括企业和原材料供应地、产品销售地的距离、其他相关企业的发展水平等。

(二)庇古的外部性理论

庇古是马歇尔的弟子,其代表作是《福利经济学》,他也被誉为"福利经济学"之父。庇古用福利经济学的视角研究外部性问题,在马歇尔的"外部经济"基础上,补充了"外部不经济"的概念,将外部性的研究从外部作用对企业的影响扩展到企业或个人对其他企业或个人的影响,还提出了"庇古税"。

庇古解释外部性的方法是分析边际个体净产值和边际社会净产值的差异。边际个体净产值是指单个企业在生产中,每多增加一单位生产要素所得到的产值的增加,边际社会净产值是指从全社会角度来看,在生产中每多增加一单位生产要素所增加的产值。他认为,如果每一种生产要素在生产中的边际个体净产值与边际社会净产值相等,同时,它在各种生产用途中的边际社会产值都相等,且产品的价格等于其边际成本时,资源配置就达到了最优状态。但是边际个体净产值和边际社会净产值并不一定总是相等的,因为个体在生产过程中会对社会上的其他个体有或多或少的影响。当生产个体进行生产时,对外部的经济个体有正面的影响,则会出现边际个体净产值小于边际社会净产值,称为"外部经济";若生产个体的生产对其他经济个体产生负面的影响,则会出现边际个体净产值大于边际社会净产值,称为

"外部不经济"。

庇古通过比较边际个体净产值与边际社会净产值的大小来分析外部性。当边际个体产值小于边际社会产值时，个体偏向于不生产，因为不生产也是收益的，这样会出现"搭便车现象"；当边际个体产值大于边际社会产值时，个体所得大于社会所得，那么就会出现社会中有他人的利益受到了损害，环境污染就是典型的例子。对于外部不经济现象，庇古提出了"庇古税"。庇古税最早用于对排污者征税，其原理就是减少边际个体净产值，使之与边际社会净产值相等，重新达到资源配置的最优状态。庇古税在经济活动中得到广泛的应用。在基础设施建设领域采用的"谁受益谁投资"政策、环境保护领域采用的"谁污染谁治理"政策，都是庇古理论的具体应用。目前，排污收费制度已经成为世界各国环境保护的重要经济手段，其理论基础就是庇古税。

（三）科斯的外部性理论

科斯与庇古等人的观点不同，科斯认为外部性不是市场运行的必然结果，而是因为产权界定不清，因此其认为只要建立与运行有效的产权制度，即可解决外部性问题。由此，科斯提出了"科斯定理"：如果交易费用为零，那么无论一开始把产权界定给谁，都可以促进市场上的自由交易，从而达到资源的最优配置。科斯将外部性与产权联系起来，使人们对外部性问题有了全新的认识视角。

（四）空间外部性理论

本研究更多探讨的是空间外部性。许多企业集聚到一个特定的空间会产生许多优势，而这种优势反过来可以解释其他企业为什么集聚到这个空间，这种本地化的外部性思想很早就有，但是直到马歇尔才对其做出准确的阐述。Marshall（1920）提出外部规模经济，用来描述集聚到某一空间的企业整体成本下降的现象。这种外部性本质上就是空间外部性，是企业因为空间接近而产生的效应。马歇尔认为这是造成产业集聚的关键性因素，并指出，当一个产业在一个地方出现后，就趋向于在这个地方长时间的发展，因为人们会发现与近邻之间从事相同的经济活动具有很大的优势，从而产生类似于锁定效应的结果。胡佛（1990）又进一步提出集聚经济具有三种基本形式：①企业层面的规模经济，即内部规模经济；②本地化经济，就是与地区产业规模相关的规模经济,即同一产业的不同企业集中在一个地方生产带来的经济效应;③城市化经济,就是与地区整体经济规模相关的规模经济,即各种类型经济活动集聚在一个地方带来的经济效应,强调的是不同行业企业集聚产生的外部性经济。显然,这三种形式中,第一种形式不是空间外部性的表现形式,但是后面两种形式是空间外部性的表现形式。

空间外部性可以分为静态和动态两类,其中静态外部性包括产业内集聚外部性(专业化外部性)和产业间集聚外部性(多样化外部性);动态外部性包括马歇尔外部性(MAR外部性)、雅各布斯外部性(Jacobs外部性)和波特外部性(Porter外部性)。

①MAR外部性。Marshall(1920)最早从经济学角度来看经济活动的空间聚集现象,他将这一现象背后的经济动因归为三类:一是中间投入品共享,属于相同产业的企业集中分布到某个地区,各生产商不仅能够以较低成本享有中间非贸易投入品,而且还节省了交通运输成本;二是"劳动力池"效应,众多相同种类或不同种类的厂商在某一地区集中分布,必然带来大量的劳动力集聚,使得该地区的劳动力市场专业化、多样化程度提升,从而满足集聚区内厂商和劳动力的供需平衡,为企业降低了因市场的不确定性带来的工资成本负担;三是知识技术外溢,距离的远近是影响信息传播成本和效率的主要因素,地理邻近的企业可以更加快速有效地进行信息交流,知识技术更容易在集聚区内企业间相互溢出,从而促进企业技术进步,提升全要素生产率。后来Arrow(1962)和Romer(1989)将Marshall描述的这一产业集聚外部性进行了拓展研究,得出了产业专业化集聚而产生的外部性即为马歇尔外部性,即MAR外部性。

②Jacobs外部性。MAR外部性遭到了Jacobs(1969)的质疑,他认为,同一产业集聚区外的不同产业集聚才是知识传播的重要途径,产业多样化比单一的产业结构更能促进经济增长和技术创新,如果某一区域只有单一的产业结构,那么企业信息和技术的交流也就局限于某一产业,使得知识创新和技术进步缺乏动力。强调不同产业间的知识溢出才能更好地推动区域创新活动,促进区域经济发展,而城市作为最大的知识差异化和商品多样化的集中地,才是创新基地。这种强调区域经济多元化为经济总量带来的好处被称为

雅各布斯外部性,即Jacobs外部性。

③Porter外部性。Porter(1998)研究发现,相同或相似产业集聚到某一区域有利于建立稠密的要素市场,使得企业可以在低成本的条件下使用巨额投资的专业化设备和经过专业化培训的技能职工,在专业化分工不断加深的同时,形成一些专业产品检测实验室和专利代理人等商业服务业务,而这些都将极大降低集聚企业的创新成本,为创新活动节省更多资源,从而提升创新绩效。Porter在一定程度上肯定了MAR外部性,认为知识溢出来源于相同或相似产业的集聚,并且认为区域竞争比区域垄断更有利于促进知识溢出和经济发展,这种不同产业间通过相互竞争创造的外部性为波特外部性,即Porter外部性。

第三节　产业集聚的派生性特征

一、由根植性派生出的特征

(一)地方网络

众多企业根植在某地形成产业集聚的过程中,会形成企业与地方网络的联系,这种网络结构不仅包括企业与当地上下游企业的关系网络,还包括企业与当地政府部门机构之间的关系、企业与各种中介服务企业(如咨询、金融、会计、策划、法律等各种服务性企业)之间的关系,甚至还包括企业员工与当地居民或者其他企业员工之间的关系。

根据网络产生的方式不同,可以将地方网络分为经济网络和社会网络。经济网络是因为企业主体间的经济活动关系形成的网络,具体来说是指企业在研发、制造、销售等经济活动中与其他企业或组织形成的各种关系。社会网络主要是指各行为主体参与社会活动建立起来的社会关系网络,包括企业家之间、企业家与科研机构、政府人员等的非正式人际关系网络,它能够有效地促进隐性知识的传播。

(二)路径依赖

1.路径依赖的提出与扩展

路径依赖这个概念最早是由生物学家提出的。Gould & Eldredge(1972)在研究物种进化问题时,发现偶然的基因突变会影响物种的进化路径,并提出了"路径依赖"的概念。David(1985)最早将路径依赖的概念用于社会科学研究,主要研究方向是技术变迁,他认为,QWERTY键盘之所以是标准键盘,是因为它是最早的键盘,并且将其称为"路径依赖"。此后,路径依赖理论被逐步广泛地应用于制度经济学、社会学、经济地理学等社会科学领域。美国经济学家North(1990)把路径依赖的研究从技术变迁的角度转到了制度变迁的角度,提出了制度变迁的路径依赖理论。North指出,在制度变迁中,也存在路径依赖,一旦制度变迁进入某一路径,在没有其他外力的作用下,制度变迁可能会一直沿着该路径延续下去,就算出现更优的路径,制度变迁也不会转向。Krugman将路径依赖引入新经济地理学,他认为产业集聚发展是一个历史的路径依赖的过程,认为产业集聚的初始条件及历史偶然事件使得产业集聚发展产生特定的方式,然后通过自我强化效应,沿着之前的发展道路继续发展。

2.路径依赖的特点

一是路径依赖既是状态又是过程。状态是指产业集聚有继续沿着之前道路发展的趋势,当然这种状态可能是有效率的,也可能是低效率的。过程是指路径依赖是产业集聚发展的过程,这个过程是一个非遍历性的随机动态过程。非遍历性指的是产业集聚的发展是不可逆的,其不会回到先前的形态。随机动态指的是其发展是非线性的,虽然产业集聚会沿着之前发展的道路继续发展,但是并不是说发展的结果是可预期的,发展的结果仍然存在多重可能性。

二是在路径依赖作用下,早期的偶然性历史事件对产业集聚的发展也有一定影响。路径依赖是对因果过程的研究,一个经济系统的发展对其初始条件非常敏感,正如David所举例的QWERTY键盘,如果当初最早占据市场的不是QWERTY键盘而是ABCD键盘(举例),说不定在路径依赖的作用下,现在市面上流行的会是ABCD键盘。

三是路径依赖强调产业集聚发展中的时间因素,强调历史的"滞后"作用。一旦形成路径依赖,即会出现报酬递增、自增强等现象。历史的"滞后"作用既可能是在历史事件的影响下造成的,也可能是由于历史发展的内在规律导致的。

(三)锁定效应

锁定效应是路径依赖发展的结果。产业集聚现象形成后,由集聚经济和地方网络推动的产业集聚演化的"路径依赖"促进产业集聚不断发展完善,与此同时,产业集聚也被锁定在过去的结构和路径上,难以改变发展的方向和路径。

综合已有文献,归纳出四种锁定效应,分别是技术锁定效应、社会资本锁定效应、认知锁定效应和政策锁定效应。①技术锁定效应。当产业集聚区外部出现了更有效率的技术时,由于产业集聚广泛存在的企业间的联系及其技术相关性,会阻碍企业采用新的技术,造成企业只能使用过时的低效率技术进行生产,造成企业生产率的相对下降。②社会资本锁定效应。社会资本在产业集聚发展初期,由于根植于当地社会网络给产业集聚带来许多资源,为产业集聚的发展起到了推动作用。随着产业集聚的进一步发展,因为当地社会资本地域的局限性和排外性,会大大限制外部信息、技术和劳动力等资源的输入,给产业集聚的发展带来负面影响。③认知锁定效应。产业集聚在路径依赖的作用下,强化自身认知的同时,也会造成认知的固化。认知锁定会使产业集聚区的成员被困于不断加强的定势思维,学习与创新能力下降,过往的成功模式反而会因为不适应当下的环境而拖累产业集聚的发展。④政策锁定效应。政策也是主导产业集聚发展的一个重要因素,但是政策也有路径依赖的特点,最终也会形成锁定效应。

二、由外部性派生出的特征

(一)创新效应

创新效应主要是由外部性中的知识溢出形成的,其表现为产业集聚区内的企业具有较强的创新能力。创新效应主要可以分为两个方面,一方面是产业集聚的创新激励效应,另一方面是创新载体效应。

1.创新激励效应

产业集聚的创新效应,是指产业集聚能够为企业进行技术创新提供动力和压力,激励企业进行技术创新,其激励效应主要体现在以下两个方面。一是产业集聚能够降低企业生产成本,降低交易成本,使企业能够有更多的资金进行技术创新。产业集聚会促进企业在空间上的集中和技术上的分工,给企业带来外部规模经济,最终带来企业生产成本的下降和生产效率的提高。同时,同一产业在地理位置上的集中,能够吸引更多产业所需的人才,在该地形成劳动力池,使得企业能够源源不断地获得所需的专业人才,降低寻找人才的成本。二是产业集聚为企业创新提供了诱因。创新是需要相应的条件来诱导其发生的,具体来说,企业进行创新需要三种诱导因素:①内在的动力。企业为了获得更多的利润,会不断研发出新的产品来巩固或者扩大自身的市场占有率,追求超额利润。②外部的压力。在一个产业集聚区中,由于存在许多同行业的企业,竞争无法避免,此时,由于恶性竞争会带来"柠檬市场"而造成全体企业利益受损,所以企业只能不断创新,从技术上超越对手,才能在竞争中获得优势。③创新能力。创新是需要相应的人才和资金的,没有专业的人才和大量的资金,创新将会寸步难行,而产业集聚区提供的劳动力池和社会资本,恰好为创新所需的人才和资金提供了很好的支持:劳动力池效应能够为企业储存大量的专业人才,而社会资本建立起来的信任使得企业在筹资活动过程中更加顺利。

2.创新载体效应

产业集聚的创新载体效应指的是产业集聚区是企业技术创新的优质载体,具体表现在以下几个方面:①产业集聚为技术创新提供创新网络,各个经济主体在创新网络中各司其职,联合推动技术创新。在产业集聚区内,大学与其他科研机构不仅仅是技术开发的主力军,可以创造新的知识与技术,而且能够通过教育、培训、与企业合作等方式,有效地促进产业集聚区内知识的扩散,为创新提供知识保障。企业通过自身研发或与科研机构合作,不断将创新变现,让新技术创造价值,使创新收到回报,反作用于研发机构,使得研发机构有继续创新的动力。除此之外,政府、中介机构、金融机构也为创新网络提供助力,政府出台政策鼓励创新,中介机构为企业和科研机构牵线搭桥,金融机构为防范创新的风险也付出了一份努力。②产业集聚营造良好创新氛围。在产业集聚区内,同行业企业间的交流更加频繁,不论是显性知识或者是隐性知识,传递都十分迅速,一项技术创新很容易被其他企业关注到,通过正式的技术转让或者非正式的模仿,该技术会较为容易地在集聚区内的企业中传播。与此同时,其他企业对此项技术的吸收或模仿之后,可能会在此基础上进行改良,使技术创新不断被完善,甚至出现新的技术创新。

(二)集体学习

由于企业间距离的邻近,加之技术外溢的存在,两者给产业集聚区内的组织间学习提供了有利条件,集体学习应运而生。

产业集聚的集体学习主要有四种途径:人员流动、上下游的互动、企业衍生和非正式交往。①人员流动。对于一个企业而言,人员流动是一件非常正常的事,而在一个产业集聚区中,这样的人员流动就会促进企业之间的相互学习,因为产业集聚区中的企业大都有着很强的相关性,所以从一个企业流动出来的人才可以很好地被另一个企业所吸收,这种人员流动很可能会将一个企业的优秀技术转移到另一个企业。随着人员流动变得频繁,技术外溢的程度提高,会形成一种相互学习的氛围,集体学习就形成了。②上下游的互动。企业与供应商、消费者之间的互动也是知识转移的重要途径。企业与上游互动可以了解最新的行业动态,获得上游企业的资讯,合理调整企业资金分配,降低营业成本。企业与消费者的互动可以及时获取消费者偏好的变化,及时调整企业的营销策略,提高营业收入。③企业衍生主要有三种类型:一是原来企业员工脱离企业之后创办新的企业;二是原企业创始人离开之后创办新的企业;三是公共研究机构、代理机构创办新的企业。④非正式交往主要是指不同企业员工之间的个人交往。由于专业相近,不同企业员工的日常交往中往往也会谈到专业性话题,不同专业思想的碰撞往往会引发更多的思考。

(三)柠檬市场

"柠檬市场"这个概念最早是由美国经济学家 Akerlof(1970)提出的,"柠檬"在美国的俚语中指的是"次品",所以从字面意思来理解,可以将柠檬市场理解为充满次品的市场,该市场具体表现为:当产品的卖方对产品真实情况的信息高于产品的买方所拥有的信息时,买方会进行逆向选择,这会使得市场中劣质品将优质品驱逐出去,从而使市场中充斥着次品。这样的市场很明显是不健康的,其发展是不可持续的。Akerlof以二手车市场为例,分析了柠檬市场形成的原因,他指出,信息不对称是柠檬市场形成的主要原因,并且强调了"诚信"的重要性。

产业集聚的"柠檬市场"也是指充斥着次品的市场,但是形成的原因与Akerlof总结的原因不同,主要原因有两个:隐性知识传递不完全和企业恶性竞争。①隐性知识传递不完全。产业集聚的外部性的一个很重要的表现形式是知识溢出,这种知识溢出一般是指隐性知识溢出。隐性知识是与显性知识对立的一个概念,显性知识指的是可以进行编码,能够有效传递且传递中内容损耗较少的知识,但是隐性知识不同,它不能有效进行编码,因此其在传播的过程中,并不能携带非常具体的知识,比如聊天时谈到某个概念,表述较为抽象和无序,而书本上提及的概念,可能更加具体和明确。隐性知识溢出时,一些不愿进行自主创新的企业获得了该"知识",会依据该项"知识"进行模仿,而隐性知识传递的不完全性,会使其不能获得完全的技术,进而只能生产出劣质品,使得市场变成一个优、劣质产品混合的市场。由于生产者和消费者间的信息不对称,最初优、劣质产品混合的市场会因为次品驱逐良品而变为充满次品的"柠檬市场"。②企业恶性竞争。在一个产业集聚区中,往往会有很多生产相同产品的企业,由于企业众多,因此集聚区内企业间的合作与竞争的激烈程度远超集聚区外的企业,如果企业间进行恶性竞争,使得集聚区内的企业出现较低甚至是负利润率并且长期持续,可能会促使企业通过偷工减料来达到降低成本的目的,市场上的产品质量不断下降,最终形成充斥着次品的"柠檬市场"。

三、由根植性和外部性共同派生出的特征

产业的空间集聚会产生邻近效应。Shaw & Gilly(2000)认为,邻近概念具有多维性,除了地理邻近外,还包括组织邻近、制度邻近等;Boschma(2005)指出,邻近性可分为认知邻近性、组织邻近性、社会邻近性、制度邻近性和地理邻近性,并认为地理邻近性在创新中的作用不能孤立地考察,而应与其他

形式的邻近性结合起来考察。还有学者补充认为，多维邻近效应还应该包括文化邻近和技术邻近等维度。通过检索和梳理文献，发现多维邻近效应包括地理邻近、组织邻近、文化邻近、技术邻近、认知邻近、制度邻近、社会邻近等多个维度。

1.地理邻近性

地理邻近性最常出现在文献中，常常被定义为两个主体之间的绝对地理距离。Torre & Rallet（2005）认为地理邻近性就是"两单位之间的千米距离"。Albino et al.（2000）认为短距离会把人们集中在一起，有利于面对面的交流，因此会促进隐性知识的交流和外部学习的进程。Antonelli（2000）指出地理邻近性在促进技术知识传播中发挥重要作用，如要素市场环境、当地的工业结构特征、本地创新系统的知识基础设施、当地交流基础设施的质量等，在特定地理区域内拥有不同交流渠道，增强了连通性和接受性。

地理邻近在经济主体间担当信息系统的作用，决定着经济外部效应和知识外部效应，即交易、运输成本减少，信息交流成本减少，更容易获得外部知识，增加知识溢出。同时也有部分学者指出，过多的地理邻近可能不利于外部学习和创新。因为当区域过度自我封闭时，当地主体的学习能力可能会减弱，这会导致其丧失创新能力而无法有效面对竞争压力。

2.组织邻近性

Albino et al.（2000）认为组织邻近对外部学习有积极的作用，因为在合作、互动中学习依赖于协调组织内和组织间的不同经济主体所拥有的互补知识的交流能力。Schamp et al.（2004）定义组织邻近性为多部门公司员工之间因为同属于一个公司，因为他们的知识和特别的公司惯例而产生的邻近性。Hyypiä & Kautonen（2005）认为组织邻近性表明革新主体之间纵向和横向之间水平一体化的关系，因为组织邻近性会影响创新过程中主体的解决能力，且关系的高度完整性可能会减少因物理距离导致的麻烦。Oerlemans & Meeus（2005）定义组织邻近性为"主体同属于同一关系空间"。Torre & Rallet（2005）则基于交流视角给出定义：组织邻近性指主体间具有可以促进的互动的隐性或显性的规则或行为惯例，以及具有同一套表述系统或信念集。

由上述定义可以看出，关于组织邻近性的概念界定相对模糊，有广义和狭义之分,也有一元层面和二元层面之分,部分概念界定显然与下面的制度邻近性、社会邻近性、认知邻近性和文化邻近性概念有所重叠。同时,Albino et al.(2000)指出过多的组织邻近可能对学习和创新产生负面影响。第一,存在被封锁在一个特定交流关系的风险;第二,组织内和组织间的网络可能会演变为封闭的自我封锁系统;第三,过度的组织邻近不具有创新所要求的组织灵活性(弹性)。

3.认知邻近性

Nooteboom(1999)认为认知邻近性即为主体觉察、说明、理解和评估世界方式的相似性。另一类学者则强调认知邻近性是以同属于一个社会实践网络为基础的,侧重于有效的交流而不管地理距离的远近,因此认知邻近性可以看作组织邻近性或社会邻近性的一部分。Boschma(2005)指出认知邻近的内涵比技术邻近更广泛,前者能包括后者。通过比较两者定义以及梳理认知邻近性的潜在逻辑,可以明显发现,认知邻近性与文化、制度、组织邻近性的概念十分相关。从国家和区域层面到组织层面,认知邻近性可以看作是这两个概念的转译,并能够应用于知识转移的环境下。因此,把认知邻近性考虑为组织邻近性的一部分是合乎逻辑的,因为它也是基于共享的规则、文化、价值和惯例的条件下,促进远距离主体间互动。

4.文化邻近性

Hyypiä & Kautonen(2005)认为文化邻近性是指拥有相同专业、产业分支及语言的主体之间共同的理想信念。文化邻近在与创新相关的互动中,主体对于信息和方法的传递、接收和理解能力直接与他们在联合行动中的成功成正比。Oerlemans & Meeus(2005)认为关于文化邻近性的分析层面可区分出两个层面:第一个层面假设地理区域上的组织拥有相同的文化,组织就能更轻松地互动,并获得更好的互动结果,因为相同的解释沟通和行为惯例使组织间的行动更有意义和效果,而不用做出复杂的说明;第二个层面指合作者之间的不同文化,且在有关水平上可测度。显然前者与组织邻近性有所重叠。

5.制度邻近性

制度邻近性的定义没有太多争议,North(1991)提出,制度是人们用来制约政治结构和经济、社会的相互影响。制度包括非正式的限制(如认可、禁忌、习惯、传统和行为准则）和正式的限制（如宪法、法律和财产权利）。Gertler（2003）从国家制度对知识影响的角度出发,认为制度邻近性在讨论知识跨界流动时必须详细考察其生产、再生产、挪用的过程,而国家制度早已内化于知识,构成了长距离转移知识的困难,以及降低所谓最佳方案出现的可能性,知识传送者和接受者的国家制度和管制架构的相似与否将影响双方知识的适用性。Oerlemans & Meeus（2005）认为制度和文化相互关联性很强,几乎不可能完全界定开来,如一些学者将制度定义为人造文化,对制度邻近性的二元分析包括组织规则和惯例,所以制度邻近性和文化邻近性在二元分析层面可以看作是组织邻近性的一部分。通常组织、文化、制度邻近当作邻近性的不同维度而导致了三者概念的模糊。

6. 技术邻近性

技术邻近性是以共享的技术经验和知识为基础的。Klein et al.（2003）认为由于生产组织有具体的知识和诀窍,知识积累意义上的技术可以在组织内部共享,但不能立即适应环境。技术邻近性是企业间合作行动的基础之一,且企业生产系统之间将会出现集体学习,因此地理邻近性能够促进技术邻近性降低交易成本,促进相互合作关系。部分学者也将技术邻近性中的技术定义为"处于投入和产出之间的工具、设备及知识（过程技术）,或者创造新产品和服务的工具、设备及知识（生产技术）"。而技术邻近性并不是技术本身,而是知识主体对这些技术的应用,技术知识上的相似能够促进技术学习和发展,从而促进技术的进步。

7. 社会邻近性

社会邻近性的内涵相对丰富,理解起来也容易产生歧义,它与社会根植性概念有关,美国社会学家Granovetter（1985）认为行为和制度是紧密相连的,人们的经济行为同社会行为一样,是深嵌于社会的共同文化和制度环境的。社会嵌入性反映的经济行为和后果受主体的相互关系及整个网络结构影响。社会邻近可细分为组织邻近、文化邻近和制度邻近等方面。Oerlemans & Meeus（2005）认为社会邻近性是指"主体属于同一关系空间"。因此社会邻近性有时被称为个人邻近性或关系邻近性,可以将它看作组织邻近性的一部分,或者为一种特殊的组织邻近性。

第四节 地区转型发展

一、概念与内涵

转型,本意是指事物的不同状态、运转方式与客观环境相适应的过程,由生物、化学领域的"结构""进化"等概念延伸而来,后挪用、移植到经济学领域。转型的内涵较宽泛,包括经济转型、社会转型、政治转型、文化转型、生态转型等多个维度,因此概念界定较为模糊。但是,转型总是带有一定的时代特征,与特定的社会背景相联系,通过发展模式的动态调整,转变为适应新的时代要求的模式。本书中的"地区转型发展"主要指经济转型,借助资源配置思路的调整和经济发展方式的变革,使得经济运行状态与实际社会生产相适应,以达到地区的整体发展和进步。"经济转型"最早由苏联政治家布哈林提出,针对的是当时市场经济向计划经济过渡的现象。其理论经过众多学者填充和丰富,现今关于经济转型的研究可进一步细分为经济体制转型、经济发展方式转型、经济结构转型等多种范畴。

1.经济体制转型

姚先国(1997)将经济体制转型的关键因素归纳为市场主体、市场机制、金融制度、政府行为四个方面。黄新华(2002)进一步指出,中国计划经济体制存在内在缺陷,向市场经济转轨是改革探索后的必然选择。经济体制转型也是制度创新和制度结构的变迁过程,这种正式制度安排和非正式制度安排的变迁将会支付昂贵的成本,需要将变迁成本保持在限定范围,以赢得社会成员的广泛支持。杨成(2008)则以普京时代的俄罗斯制度转型为例,说明转型是一个旧制度瓦解、新制度养成的制度变迁过程,在道德、社会关系等的不断重组中达到量变和质变的统一。

2.经济发展方式转型

改革开放初的提法为"经济增长方式转型",主要是由粗放式经营向集约式经营转变,为经济增长服务。李家祥和陈燕(2000)也指出,这种经济增长方式转型理论需要在新形势下不断发展。直到党的"十七大"上,首次用"转变经济发展方式"代替"转变经济增长方式",这也标志着我国对经济发展与增长问题上的认识更加深入(赵岳阳,2010)。新经济常态下,蔡之兵(2017)对五大发展理念的内在逻辑和本质联系进行分析,构建了一个包含"发展目标、发展动力和发展要求"的经济发展方式转型框架,并运用该框架定量分析了31省市的经济发展方式的不足。李政大等(2017)则从另一个角度,构建非参数生产前沿分析框架,借助1995-2014年相关数据评估经济发展方式转型效果,研究表明2012年起中国经济已经进入粗放型发展向质量型发展的过渡期。

3. 经济结构转型

发达国家经济结构转型的实践表明,随着经济的持续发展,经济部门中第一产业的份额会逐渐下降,第二产业的份额出现先升后降的趋势,呈"倒U型",第三产业的份额会逐渐上升(Acemoglu,2008)。在我国的经济结构转型实践中,吕炜和王娟(2011)从公共投资的视角,指出我国地方政府内在的投资冲动强化了经济结构的失衡,公共投资的过快增长对结构转型产生显著的抑制作用。包双叶(2012)从社会利益分配的视角,指出经济结构的转型和社会利益分配格局的嬗变相生相伴,而社会利益分配格局的嬗变必然会通过生产要素配置方式的变迁来具体实现和体现,所以要继续优化生产要素配置方式。

二、文献回顾

1. 从研究对象看

一是以省域、市域等区域为中心的主体。如朱元秀和徐长乐(2014)对长三角转型发展情况进行分析,提出长三角地区的转型发展水平位于全国前列,但经济增长效益与经济结构优化进展较慢,还需加大转型力度。王泽宇等(2015)以15个副省级城市为对象,分析我国城市经济转型成效的时空格局演变。二是以资源型地区为代表的主体。如庞智强和王必达(2012)通过构建资源枯竭地区经济转型评价指标体系,揭示由资源依赖型向创新驱动型转变过程中的突出制约因素和主要着力点。而周建波(2013)则对资源型国家成功转型的案例进行分析,提出要在政策保护扶助和企业家创业推动的基础上,实现制造业等新兴产业的快速发展。三是以山区、农村地区、少数民族聚居区等为主体。如黄海峰和李奇亮(2013)以四川省通江县为例,从特色农业发展角度出发为山区县农业经济转型研究贡献实证素材。徐美和刘春腊(2015)以湘西地区为例,将区域经济转型度分为速度、广度、深度、向度、易度五个方面,提出经济转型向度系统是导致湘西地区经济转型的主要原因,其次为转型深度系统和转型易度系统,转型速度系统和转型广度系统的影响也不容忽视。李米龙(2016)则以长江经济带农村为例,分析其经济发展的基本特征,提出要积极引导农村创新创业和切实强化乡村建设,为长江经济带农村转型提供有力保障。

2.从研究方法看

从研究方法看,针对地区转型发展的研究涉及定性分析和定量分析。在定性分析上,如丁如曦和赵曦(2015)对西部民族地区经济发展的特殊性和演进方式进行归纳,分析其在资源依赖、投资驱动、结构单一等方面存在的缺陷,提出战略转型的方向。在定量分析上,主要体现在定量分析方法的差异。车晓翠和张平宇(2011)以大庆市为例,运用变异系数法、熵值法、层次分析法等对经济转型绩效进行测度,表明大庆市经济转型的运行状况较好,从经济指数、环境指数、资源指数等指标来看都取得了良好的效果。刘湘桂和李阳春(2012)运用因子分析法对广西主要经济城市和北部湾城市的经济转型情况进行对比,提出要从产业结构、资源与环境、科技人才等方面促进转型。耿玉德和张朝辉(2013)通过改进的二次相对评价方法,对伊春林业资源型城市经济转型效率进行测度,提出经济转型是复杂的系统工程,要建立动态的经济转型投入产出档案、数据分析集合,制定反馈性、标准性的经济转型资源配置方案和发展战略。另外,早期还有运用人工神经网络法、数据包络法等对地区经济转型发展进行测度与分析(于光,2007;于喜展和隋映辉,2009)。

3.从研究视角看

部分学者通过选取特定的区域,针对区域的转型发展情况进行定量或定性分析,并提出相关的建议。例如,孔田平(2012)通过对中东欧经济转型进行回顾,归纳其转型特点与成就,并指出需要进一步应对挑战的领域。张平等(2013)对中国地区经济转型的结构性特征进行了探讨,指明经济转型面临的风险和政策着力点。也有部分学者关注外商直接投资、地方政府债务、产业结构调整、金融集聚、人口结构变化等与地区经济转型之间的联系(蒋殿春和张宇,2008;吕健,2014;张彤等,2014;徐晓光等,2015;史本叶,2016)。另外,在地区转型的过程中,还有部分学者对既有的转型政策提出反思。如刘志彪和陈柳(2014)认为转型升级在地区发展实践中发生过政策偏向。一是在新、旧产业转换上持有零和思维,忽视对旧的支柱产业的本地化、信息化改造;二是重视"增量调结构"而轻视"存量调结构"。

三、文献述评

转型发展已经不是过去对经济体制转型的特指,而是包含产业结构调整、科技与制度创新、经济发展方式转变等在内的多维度转型。总的来说,学术界关于地区转型发展的研究较为丰富。但是,针对这个问题还没有一套大家公认的转型理论,还有待在改革实践中进一步深化。经济新常态下,地区转型发展仍然是各级政府需要面对的共同目标,"转型发展"也成为解决地区经济运行内在矛盾的"万能帽子"。同时,部分地区在转型发展过程中,由于认知模糊而致使产业政策存在偏差,未能有效达成转型目标。因此,本书从产业集聚的原生性特征出发,分析其对地区经济转型发展的影响,以期为地区转型发展研究提供一个新的思路。

第三章　产业集聚的企业根植性与地区转型发展

第一节　企业根植性作用于地区转型发展的机理

企业根植性是企业和地区之间的关系体现,其形成取决于两个因素,一是企业的区位选择意愿,二是地区粘性。企业区位选择意愿是指企业根植于某地区的经济和社会表达,包括企业布局选择、企业空间战略等。企业对某地区的空间意愿越强,企业和地区的联系越紧密。地区粘性是指一个地区留住企业的能力,一般包括经济粘性、制度粘性、社会粘性和文化粘性等。经济粘性是通过产业链的前向关联、后向关联和旁侧关联等形成的影响力。制度粘性和地方政府有关,通过法律法规、政策等体现。社会粘性即社会资本粘性,具体表现为处于企业内的个人、组织通过与内部、外部的对象长期交往、合作所形成的一系列认同关系,以及在这些关系背后沉淀下来的历史传统、价值理念、相互信任、共享规范、行为范式和规则体系。文化粘性则表现为地方的风俗习惯、人文精神、文化包容度与开放等方面。

企业根植性分别从时间演进和空间演进两个方面作用于地区转型发展。①企业根植于地区的时间越长,越有利于企业发展壮大,形成产业品牌乃至区域品牌。②从时间演进看,考虑企业的经济人逐利本质,企业为生存并获得竞争优势,首先必须根植于分工网络,随着时间延续,再逐渐产生社会各因素根植性,即首先是经济根植,然后是制度根植,再次是社会根植和文化根植。当然,根植的时间顺序与产业集聚的地方环境有关,如我国中西部很多地区,由于地方政府的强"有为性",制度根植可能更为优先。③从空间演进看,企业根植于地区的程度取决于企业空间意愿强弱和地区粘性大小。一个企业根植的程度越深,那么它和地区的关系越密切,企业越能创造更多的价值,地区也能获得更多的收益。因此,根植性是在企业空间意愿和地区粘性的共同作用下,通过延长根植时间和加深根植程度来提升地区价值,形成区域产业品牌,最终实现地区转型发展。关系机理如图3-1所示。

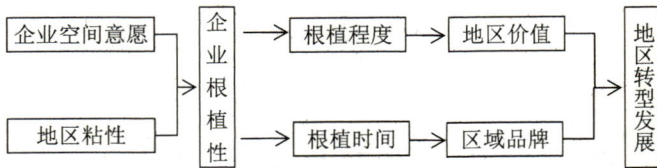

图3-1 企业根植性作用于地区转型发展的机理

第二节 企业根植性作用于地区转型发展的形式

根据企业根植性程度深浅和根植于地区的时间长短,可以把企业根植性作用于地区转型发展的形式分成四种,即"根植程度深,根植时间短""根植程度浅,根植时间长""根植程度浅,根植时间短"和"根植程度深,根植时间长"。如图3-2所示。

图3-2 企业根植性作用于地区转型发展的形式

形式一"根植程度深,根植时间短",表明企业和地区联系密切,企业在单位时间内为地区创造的价值量高,但由于企业在该地区停留的时间短,因此地区持续获得企业创造的价值累积能力弱,难以形成产业品牌乃至区域品牌。

形式二"根植程度浅,根植时间长",表明企业虽然在地区停留的时间较长,有利于形成区域产业品牌,但是由于在地区扎根不深或联系较弱,单位时间内价值创造少,存在企业价值内部创造现象,以致地区获得企业创造的价值较少。

形式三"根植程度浅,根植时间短",表明地区获取企业创造的价值量小,又不能形成区域产业品牌,地区缺少转型发展的动力和基础。

形式四"根植程度深,根植时间长",表明地区获取企业创造的价值多,同时容易形成区域产业品牌,地区处于加速转型发展的过程中。

第三节　企业根植性作用于地区转型发展的路径与过程

一、企业根植性作用于地区转型发展的路径

企业能否作用于地区转型发展,利益相关者众多,除了要考虑企业行为本身,还要考虑集聚过程中与区域、社会、经济、文化等方面产生的联系,而"根植性"恰好为企业地方化提供了理论支撑。根据上文的研究,根植性是企业与本地经济、制度、社会、文化等方面产生联系及相互影响的过程,可分为经济根植性、制度根植性、社会根植性和文化根植性四个方面。因此,探究企业根植性作用于地区转型发展的路径可以从经济、制度、社会、文化四个方面出发(图3-3)。

```
┌─────────────────────────┐
│    企业根植路径分析框架    │
└─────────────────────────┘
```

经济根植	制度根植	社会根植	文化根植
经济要素、经济主体间的各种经济关系	政策制度与企业发展的关系	各经济主体之间的社会人际交往关系	地方传统文化与企业家精神、民族文化心理的关系

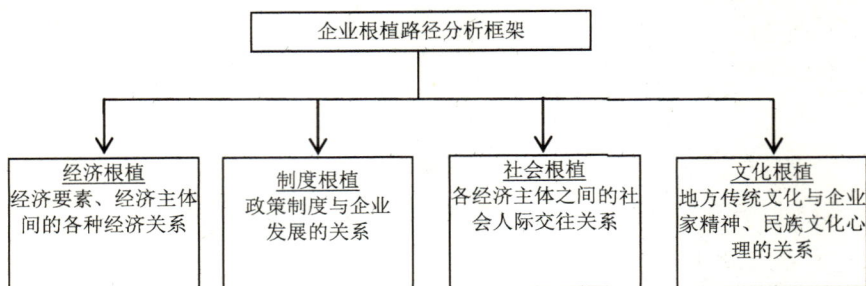

图3-3　企业根植的路径

(一)经济根植

企业是经济活动的主体,寻求新的经济发展是企业做出根植于地方的战略决策的主要原因。因而,经济因素是企业根植过程中考虑的首选因素,也是企业进入地方后关注并产生联系的首要方面。经济根植性是产业集群中企业在生产与销售的诸环节中与地方企业的联系程度,研究内容主要包括企业与地方经销商、代理商及消费者等的前向关联和企业对地方上游的原材料、机器及劳动力的利用程度等的后向关联等。因此,从经济维度出发,分析企业根植于地方时,除了探究企业根植于地方的经济原因外,还要考虑企业与承接地在能源原料、机器设备、中间产品、技术、市场、劳动力资源、基础设施等的供需关系;与本地企业在投入产出上的互补与竞争,资源和市场信息共享的关系;企业与承接地经销商、代理商等上下游供应链及消费者的关系;企业对相关产业的带动等。

(二)制度根植

制度根植本质上是企业行为选择受到所根植地方的环境影响和约束,包括由政治制度、法律法规等构成的正式制度,以及约定俗成的社会习惯、价值观、行业规则和默认的集体行为习惯等的非正式制度,但一般以正式制度为主。企业再地方化过程中,企业的经济活动和行为必然受到承接地法律法规、产业政策、税收等制度的影响。制度因素也是企业投资决策时要考察的必要条件。完善的制度和优惠的政策措施可以为企业根植于地方并顺利进行活动提供良好的制度保障。从企业融入本地集群或者再造新的集群,制度也应随之不断调整变化,为企业根植于地方提供适合的政策环境。同时,企业也要善于利用不同时期的政府政策,适时调整企业的经营策略。因此,对企业根植于地方的制度维度的分析,也是一个描述地方政策制度不断变化与企业不断利用和适应政策变化的过程。

法律法规、产业政策、税收等制度层面的问题,直接关系到企业根植于地方能否顺利进行。一般而言,地方优惠政策对企业的吸引力越大,对企业的发展越有利,企业就越愿意根植于该地,并在本地长久的"逗留"下去。但如果企业对地方的关注点仅仅停留在政策制度的利好面,随着地方政策制度的变化或者其他地区提出更好的政策进行诱惑时,企业就可能做出决策转变甚至转移至其他地方。

(三)社会根植

企业根植于地方需要众多经济主体共同努力以保持良好的社会人际关系。这些经济主体包括上下游关联企业、供应商、金融机构、地方政府、消费者、中介机构、高校科研单位、行业协会等。而产生的社会关系包括各经济主体之间经过长时间交往而积累的信任、默契、包容、互惠等。信任、默契更多地来自企业高层领导人经贸交往中基于共同利益而产生的价值观认同以及地缘、亲缘关系邻近而产生的认同感。包容和互惠则能有效降低企业间交易成本,提高关系中信息和知识沟通的深度,促进有价值信息的交换,以实现资源互补和共享。企业不是独立存在于社会之中,而是与其他经济主体相互联系、互相作用,共同根植于区域社会之中的。如果企业试图在承接地长久地发展下去,就要建立与承接地各经济主体的联系,加强企业间、人员间的社会人际交往,即加强社会根植。

(四)文化根植

文化根植的本质在于社会中存在的文化因素对企业经济活动和行为产生的影响,这些因素包括文化认知、习俗、传统价值观、信仰等。企业根植于本地,必然会受本地文化传统、固有认知等的影响。中国的传统文化博大精深,不同地区又有着不同的地域文化。企业行为深受地方传统文化的影响,并通过日积月累形成自身的文化,这包括经济个体(企业)受本地社会文化环境影响而产生的民族文化心理、企业家认知及精神等。文化是一种情感,是企业间经济合作的粘合剂,它有助于消除地方性壁垒,能够促进企业间的交流与合作,融合与发展。文化是一个不断积累和传播的过程,文化的影响是一个由内而外逐渐加深的过程。那些排斥本地文化的企业很难在地方扎根发展,达到预期的经济目的,甚至会逐渐衰败消亡。而那些能够将自身文化与本地文化兼容并蓄的企业,将会得到文化馈赠的收益。

二、企业根植于地方的过程

根植性具有随时间演进的特点。由于企业追逐利益的本质特征,企业为生存并获得竞争优势,首先必须根植于分工网络,随着时间延续,再逐渐产生社会各因素根植性,即首先是经济根植,然后是制度根植,再次是社会根植和文化根植。当然,根植的时间顺序与产业集聚的地方环境有关,在一个市场化不高的环境中,制度根植可能更为重要。因此,企业再地方化也是一个随时间演进,不断加深与承接地经济、制度、社会和文化联系的过程。

(一)初期进入

在初期,企业刚刚从原有转出地进入承接地,出于经济原因,企业一般采取将生产基地、研发中心或营销中心等部门转移至承接地的策略,将价值链的部分环节转入当地产业的价值链中。于是企业将从生产要素供给、上下游关联企业、相关产业等方面与承接地产生联系,并以经济联系为主。初期,由于企业在承接地的新环境中,自身的资源和关系都十分有限,除了政府的优惠政策制度外,尚未与承接地其他社会网络建立密切的联系,因此,很难从承接地社会网络中获得各项资源的支持。这一时期,企业与承接地以经济联系和制度联系为主。

(二)适应性发展

随着企业在地方停留时间的增加,企业的价值链与当地价值链逐渐融合,当价值链充分融入当地产业后,企业便开始寻求更进一步的发展。这时,企业与其制造商、运输商、批发商、零售商等之间关系会进一步加深,进而吸引更多相同或相近类型企业靠拢,扩大承接地的产业集群或开始形成新的产业集群。这些随之进入的企业除了出于产业链的关联性,还出于企业间通过长期经贸往来而产生的彼此的"信任"和"默契"亦或出于亲缘或地缘邻近形成认同感。与此同时,承接地政府的优惠政策还在持续出台,以吸引更多的企业进入本地集群,加快产业发展的速度。另外,随着企业进入年限的增加,企业与本地企业、行业协会、中介机构、高校科研院所等社会主体也开始进行一定的社会文化交往,以适应在承接地的发展。这一时期,企业再地方化程度进一步加深,除了经济联系和制度联系以外,也开始产生一定的社会联系和文化联系。

（三）全面发展或衰退

这一阶段,地方产业集群规模逐渐扩大或者新的产业集群逐渐形成,集群内企业间对要素和市场的竞争日益加剧,急需政府出台相应的政策措施进行制度管控。同样,企业之间以及企业与政府、科研院所、金融机构等之间要加强合作,积极组织和参与各项技术交流、新技术推广、信息共享等活动,提高区域创新水平,促进地方生产网络向区域创新网络拓展。如果企业故步自封,忽视与承接地建立社会联系,忽视区域创新,则也会导致集群衰退。

另外,这一时期,如果企业吸收了来自承接地的资源,且与承接地经济、制度、社会、文化等方面联系紧密,拥有了难以复制的特质,那么企业就实现了地区根植。一个企业根植的程度越深,那么它创造的更多价值就会被它所在的地区获得,也越有利于企业和地区经济的发展。因此,加强地区"粘性"防止地区成为"滑溜溜"的空间,是地区建设中的重要问题。但是,随着企业与承接地经济、制度、社会和文化的联系不断加强,根植也有可能转变成锁定,制约着地区经济的转型发展,甚至导致经济衰退。因此,企业与地方的联系还应该有一个"度"的把握,企业应该与地方保持适度联系。

第四节 案例研究

一、中国沿海外贸加工集群的根植特征与过程

（一）根植特征

改革开放以来,中国沿海地区形成了众多的外贸加工集群。资料显示,

我国沿海地区集中了70%的纺织业、80%的服装制造业和90%以上的加工贸易①。这些集群的形成一方面与我国的对外开放政策有关，另一方面也与国际上的产业转移浪潮有关。

随着我国对外开放政策的不断出台，跨国公司逐渐进入我国。起步阶段，大多数跨国公司均采用在新加坡、台湾、香港等国家或地区设立分公司的形式，借助对外贸易的方式向中国大陆出口产品并进行技术转让。在出口和技术转让的同时，寻求境内的合作伙伴，为在中国大陆进一步投资设立工厂做准备（夏瑞环，2011）。从投资地域看，投资区域主要集中在率先开放的四个经济特区以及北京、上海、广州等一线城市。1992—2001年，大型跨国公司开始将注意力转向中国，纷纷调整在华投资战略，将中国列为海外投资的重点区域，大规模在华投资，如美国的摩托罗拉、通用电气、电报电话公司、杜邦公司，日本的日立、松下、NBC、三菱、伊藤忠公司，德国的大众、西门子，法国的雪铁龙和标致汽车，英国的联合利华，荷兰的菲利浦等公司都在中国投资建立了企业。从投资来源看，我国跨境公司投资的资金来源进一步扩大，不仅仅限于港澳台以及海外华人的投资，资金来源更加多样化。截至1995年底，已有200家属于"世界500强"的跨国企业在中国进行项目投资。从区域分布看，外资投资由原来的东部沿海地区逐步扩大到长江三角洲、环渤海经济圈，从而使跨国公司的投资在区域分布上呈现出"多角化"的新特征。

进入21世纪，跨国公司在华投资结构进一步优化，资金技术密集型项目明显增加。从投资方式看，手段出现了新的变化，跨国并购逐渐成为跨国公司对外投资的直接手段；从总体战略看，跨国公司在华正全面实施本土化战略（李明岩，2011），具体表现为：子公司在成长和发展的过程中，逐渐承担起更多价值链体系中的活动，从营销、生产到研发，服务价值链的各个环节，都进行了本土化的整合。

中国沿海外贸加工集群主要由跨国公司主导，并依托OEM（代工生产）方式建立大规模生产体系，将生产基地迁移至海外来降低生产成本。这种代工生产是发达国家跨国生产重组的产物，是跨国公司对全球资源的配置与利

---

① 孙小林.以浙江和广东为核心 产业转移出现两条路线[N].21世纪经济报道，2010-07-02(006)。

用,促使产业快速蔓延和转移的结果。跨国公司在我国沿海地区的根植有四个维度,即经济根植、社会根植、技术根植和制度根植(邱国栋和陈景辉,2010)。跨国公司的经济根植是指跨国公司在当地持续投资并与本地企业相互练习中,产生的持续而稳定的产业关联性,包括原材料采购供应及其上下游产品供应的本地化程度、与本地产业的接口等;跨国公司的社会根植是指企业间的人际关系与社会联系的密切程度,人力资源的本地化程度等。跨国公司的制度根植是指跨国公司与其他社会机构的联系和影响程度,以及这种联系对当地制度变迁的影响。跨国公司的技术根植是指跨国公司与地方企业间技术关联性,包括对本地企业的技术转移和技术溢出效应、对地方产业结构升级的促进作用。本文从经济根植、制度根植、社会根植和文化根植等四个维度展开分析。

1.经济根植

20世纪80年代,世界制鞋产业基地再一次进行了全球范围的产业转移,众多鞋业巨头汇聚我国珠三角地区,与本地鞋业展开合作,注册合资企业或者打造紧密的贸易联系,包括世界规模较大的贸易公司如利威、派诺蒙等,行业内具有重要影响力的采购商如沃尔玛等,还有其他知名贸易商、采购商如索纳隆、BBC、吉姆拉、稳洋、特品、太平洋、里兹、红林、麦斯等。在珠三角鞋业基地发展过程中,跨国公司与地方企业之间建立起较为完善的生产产业链。珠三角制鞋产业基地主要集中在东莞市、深圳市、鹤山市、广州市花都区等地,其中东莞市是主要的制鞋产业集群集中地,制鞋企业主要分布在下桥、石龙、附城、厚街、寮步、虎门等乡镇。珠三角的制鞋产业集群通过加强生产研发、互相补货、整体配套等措施,促成了社会化、市场化、开放式、全方位的合作平台,经过多年的发展,逐步形成了完整的产业链。上下游相关配套产业完备,从面料、鞋底、鞋跟、鞋楦、胶水到鞋表面处理、五金饰扣等辅料配件,再到特殊材料,在珠三角地区都可以找到大量的供应商。

经济根植在生产网络上表现出"嵌入性的地方化"特征,即本地企业在发展过程中受到来自全球化力和地方化力的双重影响。它们为跨国公司生产配套产品,深深卷入到跨国公司掌控的全球价值链和全球生产网络中去,承担了其中的制造加工环节。同时,由于自身的专业化特色明显,企业之间结成严密的上下游关系,利用低廉的生产要素和地方专业化分工优势,大批量生产(mass production)廉价的工业产品,并且通过自身各种社会资本,建立网络间信任关系。由于全球生产网络权力的不对等性,本地企业嵌入跨国公司多是被动的,需要接受跨国公司的选择。Ernst & Kim(2002)从全球生产网络内部技术溢出的角度,认为网络领导企业通过正式和非正式的方式,将显性和隐性知识(explicit and tacit knowledge)转移给本地供应商,从而促使本地企业的生产能力得到加强,最终达到领导企业的生产要求。领导企业在选择本地供应商的时候一般有三个标准:良好的财务状况,产品质量和交货方面的良好记录,快速的响应能力。由于外商生产网络对产品质量和库存管理有严格的条件,本地企业难以满足上述条件和要求,很难融入其生产网络,再加上技术、知识和管理等方面的限制,本地企业嵌入跨国公司的价值链环节的行动面临着挑战。

如东莞电子信息产业集群。在发展初期,为了避免与本地企业间的技术差距过大,跨国公司通常带领其供应商跟随布局,并将母国的配套网络整体复制过来。集群内的企业主要是由跨国公司从外部直接带入区域内,与本地企业间的关联弱。经过一段时间的发展,跨国公司在进行生产活动的过程中,对相关企业产生了一定的知识和技术溢出效应,集群内其他企业积累了较好的知识和技术基础,跨国公司为了降低生产成本,开始逐步将业务分包给本地供应商。但为了获取更多的"技术租金",跨国公司在本地进行的只是简单的垂直分工,关键性技术及营销等核心环节依然由其自身掌控,本地企业的嵌入一般是低技术、低附加值环节(朱华友等,2015)。另外,当地的供应商及其他提供配套生产服务的企业高度依赖外资,与本地的关联度低,集群根植性弱。

以东莞石龙电子信息产业集群为例,初期集群内企业多为来料加工企业,主要通过承接跨国公司的生产制造的外包活动,从事低附加值的加工组装生产。经过一段时间的发展,东莞石龙电子信息产业集群内90%以上的企业已由来料加工转为独资(多为日方独资)或合资企业(独资与合资统称为三资企业),仅有少数为来料加工企业。跨国公司已逐步将集群内的企业纳入以其为核心构建的全球生产体系当中,集群内的企业多为跨国公司在华设立的子公司或是外部的独资或合资供应商。集群企业所在的活动领域不同,其在网络内所处的地位也不尽相同。零部件制造商主要是承接跨国公司的外包活动,为跨国公司供应电子产品的相关零部件,其在全球生产网络内层级较低,主要是通过高层级供应商与跨国公司建立间接的联系,而电子产品合同制造商(EMS)(业界称其为"电子合约制造")专门替品牌厂商制造产品,生产和服务项目包括线路板生产、部件装配和设计、设备安装、物流及售后服务,涉及的领域较广,除了核心研发及营销战略受控于跨国公司之外,基本能承担价值链中的每个环节与增值活动,其在全球生产网络内所处层级较高,与跨国公司直接接触。

2. 制度根植

1978年以来,我国制定了利用外资、发展对外经济贸易的一系列方针和政策,对外开放由沿海地区逐步扩展到全国,对外开放领域不断拓宽,这些政策有力地促进了我国沿海外贸加工集群的形成。1979年8月国务院设立了外国投资管理委员会,统一管理全国利用外资的工作。1979年国家计划委员会在参考了30多个国家相关法律的基础上,结合我国的国情起草了第一部外商投资法律《中华人民共和国中外合资经营企业法》,此法是我国第一部规范的涉外经济法律,是我国利用外资立法的标志性开端。1979年7月,党中央和国务院决定对广东、福建两省的对外经济活动实行特殊政策和优惠措施。1986年10月,国务院发布《关于鼓励外商投资的规定》,标志着我国的外资政策由初创投资环境到有重点、有计划的吸引外资的导向性转变,自此,我国外资政策进入积极调整外资结构的初步发展阶段。1994年11月3日,颁布了《关于进一步加强外商投资企业审批和登记管理有关问题的通知》,主要为了解决地方举办外商投资企业过程中的几个突出问题。1995年6月9日,颁布了《外商投资企业进口管理实施细则》,对外商投资企业投资额内进口的配额商品、外商投资企业为生产内销产品而进口的商品和外商投资企业为生产出口产品而进口的商品的管理作了明确的规定。1997年制定了《外商投资产业指导目录》,明确了外商投资的领域,加强了以产业、技术引进和地区为导向的"差别性优惠政策",将利用外资从单纯引进资金向技术引进和促进产业结构调整以及产业升级的方式倾斜。1998年颁布的《中共中央、国务院关于进一步扩大对外开放提高利用外资水平的若干意见》,强调合理有效利用外资是必须长期坚持的指导方针,并且要以积极姿态进一步扩大开放。

20世纪80年代后,经济特区的设立为跨国公司根植于我国沿海提供了优越的制度空间。1980年5月,在深圳、珠海、汕头、厦门设立经济特区。1984年5月,开放大连、秦皇岛、天津、烟台、青岛、连云港、南通、上海、宁波、温州、福州、广州、湛江、北海等14个沿海港口城市。1985年2月,分两步开放长江三角洲、珠江三角洲、闽南厦漳泉三角地区和辽东半岛、胶东半岛。1990年4月,决定开发和开放上海浦东,实行经济技术开发区和某些经济特区的政策。1991年,开放满洲里、丹东、绥芬河、珲春4个北部口岸。同年,国务院还相继批准上海外高桥、深圳福田、沙头角、天津港等沿海重要港口设立保税区,借鉴国际通行规则,发展保税仓储、保税加工和转口贸易。1992年,以上海浦东为龙头,开放芜湖、九江、黄石、武汉、岳阳、重庆6个沿江城市和三峡库区;开放哈尔滨、长春、呼和浩特、石家庄4个边境和沿海地区省会城市;开放珲春、绥芬河、黑河、满洲里、二连浩特、伊宁、塔城、博乐、瑞丽、畹町、河口、凭祥、兴东13个沿边城市;同年还开放太原、合肥、南昌、郑州、长沙、成都、贵阳、西安、兰州、西宁、银川等11个内陆省会城市。

3. 社会根植

以台商投资大陆为例。台商在投资大陆的过程中,社会关系渗透于各企业间,经济组织和个体经济行动者共同受到社会关系网络的限定。在投资之初,台商对大陆市场既有谋求利润的需求,也有对大陆现行体制、两岸关系的担忧。因此,台商在不断投资大陆时,自发形成所谓非正式风险防范机制(朱松岭和陈星,2008),在一定程度上表现为台商在投资过程中比较习惯"扎堆"于某些地区、某些领域,逐渐形成一个特殊的投资群体。这种社会性群体行为背后原因极为复杂,各种因素渗透其决策之中。

20世纪90年代台资企业大规模进驻东莞市,使东莞市成为台湾制造业在大陆的重要生产加工基地之一。台商在进驻过程中,通过台资企业协会把台湾外向型加工制造业的产业网络和人际网络,整体移植到东莞,形成东莞市的台资企业网络,并通过台湾地区与全球保持联系。而在苏州,随着台湾龙头高科技企业的飞速发展,大批中小企业被吸引到苏州及其地区内的昆山、吴江等地,形成了以苏州新区为中心,日益完整的电子行业上中下游的产业供应链。在两岸经济环境出现较大变化的背景下,台商在大陆的投资活动逐步向高层次转化,集聚规模不断扩大,从过去单纯的委托加工变为邀请卫星工厂共同参与,联合上、中、下游相关配套产业一起投资(朱松岭和陈星,2008)。台湾企业富士康集团在昆山进行投资时,与当地企业同心电镀厂建立嵌入关系。富士康与同心电镀厂初始建立合作关系是基于质量、价格、交货期等专业能力上的信任,随着交易的持续,彼此了解不断加深,基于文化同源、人际交流而建立起来的信任也愈发牢靠。生产协力关系的继续,依靠的不是形式契约的制定,而是基于以往合作经验之上的默契与信任。这种基于专业能力的经济网络加上人际关系建立的社会网络,加深了台商企业的社会嵌入程度,社会资源的发挥也大大降低了企业的交易费用和生产成本。富士康集团通过这种关系的建立,直接与当地厂商建立生产协力网络,完成了企业进行本地嵌入的一个重要环节,使得生产过程更加顺畅,提高了市场竞争力。

台资鞋业巨头宝成国际集团①进入大陆后,非常重视本地社会网络的建立。宝成集团成立于1969年,是一家位于台湾省中部的鞋业品牌制造商。刚开始以生产编织鞋、凉鞋、拖鞋为主,1978年后,宝成集团开始代工 Adidas 品牌,进入运动鞋制造领域。随着产品质量的提升、生产过程的整合以及研发设计能力的增强,宝成集团由经营初期的纯代工制造(OEM)转型为代工设计制造(ODM),代工的主要国际品牌包括 Nike、Adidas、Reebok、Asics、New Balance、Puma、Converse、Merrell、Salomon 及 Timberland 等。为分散生产基地及利用部分地区的低成本环境,1988年宝成集团在珠海设立鞋厂。设厂之后,首先与委托商展开有效互动,具体表现为:每一款新产品的开发首先由委托厂商确定设计版式和材质,然后在相关研发中心进行模具开发与制样。在此过程中,针对开模或面板无法展开的问题,和委托厂商的设计人员反复讨论,委托厂商的设计人员也可以根据研发中心提出的方案对原设计进行修改。其次,通过各个层面绑定和品牌商的关系。宝成集团在具体的生产过程

---

① 以下为描述方便,统一简称为宝成集团。

中,将生产不同品牌的工厂在厂区、厂房、生产线、管理团队、研发等方面完全分开,比如在东莞市高埗镇有 Nike 和 Adidas 专门的生产工厂,中山市有 Reebok 和 Timberland 专门的生产工厂,东莞市黄江镇有 New Balance 专门的生产工厂,而且负责不同品牌的各事业部垂直管理,品牌的设计、研发、生产计划、制造过程均能确保较高的隐秘性。

宝成集团秉持"取之于社会、用之于社会"的心意,持续支持各项体育、文化及社会公益活动。通过定期举办集团共识营活动,鼓励员工亲身实践,对弱势族群展开关怀行动,尽到企业的社会责任。随着海内外运营据点的拓展,除了给当地居民提供众多就业机会、促进当地经济发展之外,宝成集团也通过定期性的偏僻乡村医疗义诊、房屋修缮协助或资源捐赠、奖助学金鼓励等具体行动,为当地发展注入更多资源,创造更大价值,以促进集团与地区的良好关系。同时,宝成集团非常重视本地化人才在集团中的作用。根据其产能优化战略,在中层技术、管理人员中广泛启用本地人才,将本地人才作为集团的重要资产,通过"选、用、育、留"制度凝聚人才向心力。为吸引本地优秀人才,公司提供完善的教育训练制度、具有竞争力的薪资和畅通的晋升通道,来提升员工的专业能力和工作热情。

4.文化根植

集群的发展正是企业与其周围区域内的其他行为主体结成网络,并深深嵌入于特殊的区域社会人文环境的基础上,才能实现整个区域和企业的发展与创新。改革开放初期,台资企业进入大陆,由于共同的文化基础,两者之间本身就具有相当强的文化融合性,再加上我国东南沿海的文化特质,融合更为顺畅。如岭南文化(聂正安,2008)。岭南文化可分为广府文化、客家文化、潮汕文化、桂系文化、海南文化等多种区域文化,这些文化共生并存,虽然互有差异但又互相包容。总之,兼容性使岭南文化获得了善于发现和利用其他文化长处、不断丰富和壮大自我的优势。然而,漫长的历史时期内,岭南地区社会经济相对落后,与中原人的文化优越感和文化主导意识比较,岭南人有着很重的文化弱势心态和文化依附倾向。在一定程度上,兼容并蓄可能正是岭南文化弱势的一种自然表现。许多广东企业乐于为境外企业"贴牌加工",而不愿开发自己的技术和产品,这样的事实侧面反映了相应的岭南文化元素。岭南文化还具有很强的务实性和趋利性,讲究出新和变化,而且岭南人的求新求变有着非常宽松的制度环境。台商进入广东后,不断融合岭南文化,形成有地域特色的沿海外贸加工集群文化。以宝成集团为例。宝成集团的核心价值理念是"敬业、忠诚、创新、服务",这与我国的传统文化是一致的。进入广东地区后,宝成集团不断调整文化理念,积极面对和克服各项困难和挑战,秉持创新精神,通过内部沟通管道,兼收并蓄地方文化,形成一系列内部控制制度,如《企业社会责任实务守则》《公司治理实务守则》《诚信经营守则》等。

(二)根植过程

从时间维度看,跨国公司在中国开发区的根植可以分为三个阶段。第一阶段为跨国公司试探性根植,第二阶段为集聚性根植,第三阶段为跨国公司深度根植。但是以往理论多是解释跨国公司的主动根植,缺少对跨国公司被动根植的解释。当跨国公司为适应当地的"制度约束"而建立本地产业联系时,发生的是"被动根植",即如果没有来自"制度约束"的压力,外资可能不会选择建立本地产业联系。当跨国公司为单纯经济原因(如利用当地廉价劳力、智力资源,或为满足特定生产组织方式的需要等)而扎根于地区经济时,发生的是"主动根植"。也就是说,"被动根植"是跨国公司与当地的"制度约束"之间协调的结果,"主动根植"则主要是当地良好的基础设施、适宜的制度环境、有竞争力的产业基础以及采用新的生产方式引发的(刘卫东,2003)。

很多外资企业在我国沿海地区根植性不深,或其投资群体实际上是一个"群居"系统,与当地文化特征结合的不明显,一旦发生环境变化,很容易产生集体去地方化现象。以东莞鞋业为例,东莞市地处珠三角开放地区,位于穗、深、港"经济走廊"的中心。在20世纪80年代初期,东莞还只是典型的农业县,随着对外开放程度的不断加深,东莞依托其优越的地缘位置,借助"生产在东莞、销售和研发在香港等地"的经营模式,形成了具有地方特色的鞋业集群。20世纪90年代中期后,一些企业受本地生产成本上升的影响,开始向其他城市转移,另一些劳动密集型传统制造业企业受到全球贸易商的控制,逐订单而居,也开始了区位转移。

1.跨国公司战略驱动下的去地方化

在东莞市的鞋业生产网络中,台资企业拥有核心技术能力和关键资源,占据生产网络中的高附加值的战略性生产环节,成为其中的领导公司。东莞市鞋业集群可以理解为跨国公司控制下的一种战略意图型集群。2005年,由于生产成本的上升,台资鞋业巨头裕元集团开始在江西省上高县建立生产基地,同时缩小在东莞的生产规模,东莞市本地众多为裕元集团配套生产鞋机、鞋材、鞋面等材料的中小企业,如匹克国际、顺峰实业、香港芳鼎、全胜鞋机、方圆鞋面、邦胶科技等近40家配套企业也纷纷迁移到上高县,雇工3万多人。2006年9月,永恩集团在江西省黎川县建立江西大川鞋业公司,生产著名品牌"达芙妮"女鞋。大川鞋业公司的成立,为黎川县吸引了10多家制鞋企业落户工业园区。2008年,台湾智高集团和台湾宝成集团扩张转移到河南省周口市扶沟县,拓展高档旅游鞋生产项目,吸引制鞋上游企业驻足。随后,周口市初步形成了以扶沟宝昌鞋业、西华凯鸿鞋业、鹿邑祥龙鞋业和淮阳亚泰鞋业为龙头的制鞋产业集群。

2.全球贸易商订单驱动下的去地方化

受到全球贸易商订单驱动的影响,集群企业的响应形式主要有两种。一种是逐订单转移。2000年前后,在东莞市汇聚的全球贸易商达到数千家,这些商家带来了大量的鞋业订单,因此大量的制鞋企业在这里集聚,形成了全国最大的鞋业集群。2005—2006年是东莞市鞋业发展的高峰,整个东莞市从事鞋业的有200万人,仅厚街镇就有40万人。2008年后,由于美国次贷危机的爆发,国外需求减少,再加上国内生产成本上涨、人民币升值和出口退税率的下调,众多以外向型经济为主的东莞市制鞋企业产业转移现象明显。如巴西国际贸易商派诺蒙将其在中国的一半业务由沿海转移到四川、湖北以及甘肃等内陆省份,还在重庆璧山投资建了大规模制鞋生产线。原本在东莞为派诺蒙公司配套的20余家鞋厂逐订单转移,也迁到了重庆璧山。

第二种方式是订单驱动下向生产成本低的地区转移。受中国劳动力成本上升、原材料价格上涨等因素影响,制革、鞋服等制造行业订单开始转向越南等东南亚国家。亚洲鞋业协会调查结果显示,2008年金融危机爆发后,中国制造成本节节攀升,东南亚鞋业抢走中国约30%的订单,并且中国的供应商越来越难以满足采购商提出的低价要求。据相关调查,东莞的制鞋企业平均利润只有5%左右,越来越多的制鞋企业挣扎在盈亏临界线上。据2009年亚洲鞋业协会的统计数据显示,东莞市制鞋企业中有50%左右转移到我国中西部地区设厂,如湖南、江西、四川、广西、河南等地,有25%左右转移到东南亚地区设厂,如越南、孟加拉国、印度、缅甸等国家。这种转移行为已经表现为大中型供应商带领一批低层级供应商和生产商集体行动。2002年东莞华坚鞋业投资3.4亿元在赣州兴建"华坚国际鞋城",2010年百丽鞋业投资5.5亿在安徽宿州兴建规模庞大的基地,2011年华宏鞋业公司把低端的大规模代工生产线逐步转向贵州铜仁地区,进行扩张型转移。原来高度集聚在珠三角的制鞋业在全国各地分散集聚,形成了以行业内制鞋巨头领导的众多鞋业"微集群"。

　　台资鞋业巨头宝成集团为分散生产基地及利用海外地区的低成本环境,通过转投资成立裕元工业(集团)有限公司,于80年代后期陆续前往中国大陆、印度尼西亚及越南等地设厂。1988年,宝成集团开始向国内转移,于广东省珠海市设立鞋厂,其后于1989年及1991年分别在广东省东莞市及广东省中山市设立制鞋工业区。2002年于江苏省设立制鞋工业区。2006年于江西省设立制鞋工业区。2010年于湖北省、湖南省及河南省等地陆续设立制鞋工业区。转移的具体情况如表3-1所示。

表3-1　台湾宝成集团转移到中国大陆的情况

地区、名称	成立时间(年份)	产品
广东省珠海市(宝元工业集团)	1988	Nike、Adidas
广东省中山市(中山宝元集团有限公司)	1991	Reebok、New Balance、Adidas、K-SWISS、Timberland
广东省东莞市高步镇(裕元鞋厂)	1992	Nike、Adidas、Asics
广东省东莞市黄江镇(裕成鞋厂)	1993	Nike、Adidas、Reebok、New Balance
江苏省昆山市[江苏昆山裕程公司,2002年更名为江苏裕晟(昆山)体育用品有限公司]	1997	服装、运动服装、外套等
广东省河源市(龙川宝元制鞋厂)	2002	运动鞋、休闲鞋、皮鞋等

续　表

地区、名称	成立时间(年份)	产品
江苏省太仓市(太仓裕盛体育用品有限公司)	2002	李宁、Anta等
江西省赣州市(与华坚公司合资成立赣州华坚国际鞋城)	2003	女鞋
江西省宜春市上高县(江西裕盛工业有限公司)	2005	Nike、Adidas、New Balance
湖南省常德市澧县(宝元鞋厂)	2006	Nike、Reebok、李宁
江苏省扬州市(扬州宝亿制鞋有限公司,台湾宝成和来亿合资建设)	2006	硫化鞋,运动鞋,休闲鞋等
江西省瑞金市(瑞金宝元鞋业有限公司)	2008	The North Face
安徽省芜湖市繁昌县(繁昌裕盛体育用品有限公司)	2008	李宁、Anta、特步、UMBRO、Kappa、361°等国内及国际知名品牌
湖北省黄石市阳新县(阳新宝加鞋业有限公司)	2008	Asics、Puma等品牌运动鞋
江西省上饶市鄱阳县(江西裕泰鞋业有限公司)	2009	运动鞋、皮鞋、休闲鞋
湖南省衡阳市耒阳市(耒阳市宝升鞋业有限公司)	2009	Keen、Fitflop等品牌
湖南省益阳市赫山区(裕敬鞋业产业园)	2009年租赁生产;2012年签约,开始基建	运动鞋、休闲鞋等
江西省吉安市安福县[裕元(安福)制鞋有限公司]	2010	Adidas、Saucony等国际名牌运动鞋
江西省吉安市吉水县[裕兴(吉水)制鞋有限公司]	2010	Nike、Adidas、Reebok、李宁等服装、运动鞋系列产品
湖北省襄阳市[宝成国际(襄樊)体育用品工业园]	2010	专门生产"李宁"牌体育用品
湖北省咸宁市通山县(宝成集团宝元制三厂)	2010	Nike
河南省周口市扶沟县(扶沟县宝昌鞋业)	2010	高档旅游鞋
河南省信阳市淮滨县(淮滨裕盛体育用品有限公司)	2010	Anta、361°等国内知名品牌运动鞋、休闲鞋

注:根据新闻报道和相关网站新闻整理。

　　除了向中国大陆转移外,宝成集团也逐渐往印度尼西亚、越南等国家转移。1992年转移到印度尼西亚,陆续设立Serang制鞋工业园、Sukabumi的Cikember制鞋工业区和Sukalarang制鞋工业区;1994年转移到越南同奈省设立宝成厂区,后来又陆续在同奈省设宝崧厂区、在胡志明市设立平政厂区,在西宁省和前江省设立制鞋工业区;2000年在墨西哥设立鞋厂及成衣厂;2009年在孟加拉国吉大港设立鞋厂;2010年在柬埔寨金边市设立鞋厂。

二、富士康科技集团落户郑州市的根植特征与过程

富士康科技集团[①]是全球电子信息制造业巨头,经营范围包括计算机、通讯、消费性电子等3C产品研发制造,1974年成立于台湾肇基,1988年开始在大陆投资,凭借大陆劳动力、资源、消费市场、政策等多重优势,迅速跻身全球电子产业科技制造前列。随后,又将企业版图扩展至汽车零组件、通路、云计算服务及新能源、新材料开发应用等领域。2015年进出口总额占中国大陆进出口总额的3.7%,2016年跃居《财富》全球500强第25位。

近年来,东南沿海频频出现的"民工荒"和用工短缺问题,迫使富士康集团开始从东南沿海向内陆进行转移,以开辟中西部地区新的生产版图。河南省拥有丰富的劳动力资源和较低的劳动力工资水平,地方政府也愿意给予极大的政策支持。因此,富士康集团选定河南省省会郑州市为其新的生产基地。富士康郑州科技园于2010年注册投产,位于郑州航空港经济综合试验区,总面积约10平方千米,专攻手机、计算机、消费性电子等的生产组装制造。富士康集团自进驻河南,进出口贸易快速增长,带动了河南省加工贸易、电子信息制造业、机电和高新技术产业的快速发展,促进了出口产品结构的不断优化。

(一)经济根植

富士康集团自2010年入驻后,以年近亿部的手机产量,使郑州跃升为全球最大的智能手机生产基地。河南省工业和信息化委员会发布的数据显示,2011年富士康集团郑州基地生产手机2800多万部,2012年攀升至6300多万部,2013年升至9645万部,2014年该地区手机产量约达1.5亿部,2015年达

---

① 以下为描述方便,统一简称为富士康集团。

1.39亿部。智能手机产能的飞跃式上升,也吸引了与富士康集团合作代工的华为、联想、小米等国内知名手机品牌厂商的进入,进一步带动了包括天宇、中兴、创维、酷派等手机整机生产企业的进驻。围绕富士康手机生产基地,官田电子、琦昌科技等相关配套企业纷至沓来,富士康的入驻还吸引了格力电器、万达等国内其他大型企业入驻。

除了位于郑州的苹果手机整机组装外,富士康还积极布局其他配套项目建设:2012年在济源建设投产手机零组件及模具制造,2012年在南阳进行投影仪及光电产品研发,2013年在睢县进行苹果电脑配件组装、在鹤壁进行镁合金零件组装,2015年在洛阳布局玻璃面板生产基地,为苹果手机配套提供触控玻璃面板,还有2016年在兰考进行手机盖板玻璃及包装盒生产等。富士康集团以河南省省会郑州为核心,遍地开花,带动了手机整机产业链的进一步完备。富士康集团所在的郑州航空港经济综合实验区,如今已有台湾友嘉精密机械、阿里巴巴、菜鸟骨干网、万科集团、UPS、联邦快递等数十家配套企业注册登记,上百家富士康集团上下游企业落户。

就航空物流业来说,郑州新郑机场的货运航线已通达全球主要货运集散中心,郑州富士康集团初步构建起以郑州为亚太物流中心、以卢森堡为欧美物流中心,覆盖全球的航空货运网络。郑州良好的区位交通优势,可以充分满足包括富士康在内的企业对于货运时效性和便捷性的需求。为了配合苹果公司2014年9月10日的苹果手机发布会,郑州富士康于当年9月6日将14.5吨iphone6手机发往芝加哥,之后又分两批将93吨iphone6手机通过新郑机场发往世界各地。国内外物流业巨头UPS、俄罗斯空桥、顺丰快递、申通快递、菜鸟骨干网的相继入驻,加之东方航空、南方航空、国泰航空、马来西亚航空、大韩航空等航空公司先后开辟货运航线,航空港的客货运集散能力日益凸显。

就商业格局来看,随着富士康及相关企业的入驻,大量中青年劳动力的涌入带动了航空港区的居民结构的年轻化。为了迎合极具消费能力的年轻群体,航空港区的商业业态开始向新型化和国际化转型,商品类目日趋时尚化和潮流化,商场也更趋高端化和品牌化。开发商在进行商业开发时也开始借助港区的商圈效应,促进商业配套场所的集中化布局,以锦荣悦汇城为中心,鑫荣·中央金地广场、豫康新城、沃金商业广场、裕鸿世界港、港城793等新地标,共同形成了郑州的新兴商圈。

富士康的进入带动了"郑州造"手机产能的逐年攀升,郑州航空港区逐渐形成品牌手机企业和零部件配套企业集聚的产业规模,并带动了包括研发、销售、物流等关联企业发展。智能终端产业逐渐形成并日渐完备,既有富士康、酷派、中兴、天宇等整机制造企业进入,也有众一光电、正威科技等产业链配套企业进入,逐渐形成手机整机制造、核心配套配件、软件开发、交易展示、商贸物流等全产业链智能终端(手机)集群。同时,航空港区设立了智能终端检测公共服务平台,用以提升产业链上下游企业对核心技术和重要环节的试验测评以及产业链监测和服务能力,为进一步推动河南省智能终端产业健康快速发展,提供了支撑平台。郑州智能终端产业的发展也带动了周边地市的手机及零部件产业布局,已形成以郑州航空港区为核心,辐射信阳电子工业城、洛阳伊川智能终端产业园、南阳高新技术产业集聚区与光电产业园、鹤壁经济技术开发区与鹤壁新区、新乡红旗区与高新区、漯河召陵区东兴电子城等智能终端产业集群的大格局。

(二)制度根植

为了引进富士康集团入驻,河南省从税收减免、土地低价租赁、财政补贴等方面给予支持。在税收方面,河南省政府给予富士康集团优惠的政策:以富士康集团所在的郑州航空港园区为例,政府对出口企业按出口收汇核销额,每1美元分别给予0.01元、0.02元和0.04元人民币的奖励。政府还免去富士康集团前五年的公司税和增值税,第二个五年的税率免去一半,而且还允许富士康集团低额度缴纳员工社保和其他费用。在土地利用方面,河南省各级政府为富士康集团提供了较大优惠力度的土地政策,航空港区的富士康科技园区占地面积约10平方千米,政府对原址上的自然村采取土地租用制,租金每年每亩仅1200元,之后又以极低的价格转给富士康科技园使用。在寸土寸金的航空港区,富士康科技园以低廉的土地价格,获得了充足的土地面积,企业生产成本进一步降低。商丘、南阳、济源等地级市政府竞相模仿,济源富士康园区的一期项目面积约4平方千米,南阳富士康园区更是达到12平方千米。在财政补贴方面,河南省为富士康提供了超过15亿美元资金,用于富士康园区设施建设。此外,政府还进一步完善富士康园区周围道路、供电系统等基础设施建设,并分担用电和运输成本。电子信息及制造业是近年来社会经济发展中具有高成长性和带动性的产业。随着富士康的入驻,以及它巨大的产业带动能力和经济增长能力,河南省电子信息制造业迅猛发展,得到了国家和河南省相关部门的高度关注和支持。具体情况如表3-2所示。

表3-2　各级政府对富士康的政策支持

时间	政策及内容
2011年	国务院关于《支持河南省加快建设中原经济区的指导意见》中把电子信息产业定位为中原经济区的主导产业
	河南省制定的《河南省国民经济和社会发展第十二个五年规划纲要》中,河南省把电子信息产业定位为成六大高成长性产业之一
2012年	郑州市围绕加快电子信息产业发展,出台《关于实施工业经济"三年倍增五年超越"计划,加快推进新型工业化的意见》,提出把电子信息产业作为全市四大战略支撑产业之一
2013年	郑州市出台《关于加快建设郑州电子信息产业基地的实施意见》,提出五个方面的28条具体扶持政策
2015年	河南省政府办公厅转发河南省工业和信息化委制定的《河南省制造业承接产业转移2016年工作计划》,将承接产业转移瞄准电子信息产业等八大"制造业"

注:根据相关报道整理。

郑州富士康集团所在的郑州航空港经济综合实验区,是我国中部具有重要影响力的综合保税区。自2010年10月国务院批准成立以后,相继出台了包括"国外货物入区保税、区内自用基建物资及进口设备免征进口关税和增值税、国内货物入区视同出口、区内企业间货物交易不收增值税和消费税"等优惠政策,进一步打通了区内企业的运营环节,降低了企业的生产成本。区内还建成并运营了全国首家智能终端出口退税资金池,方便富士康等企业的退税资金"即出即退"。富士康集团选择落户保税区,是基于保税区在管理和税收方面具有极大优势,可以有效降低进出口成本。河南省则凭借富士康的示范效应,将保税区打造成为高端产业聚集的现代制造业基地,以及中部地区对外开放的核心示范区。

(三)社会根植

河南省为了应对富士康集团短时间投产的强硬要求,创造了"郑州速度"，即：为了给富士康集团准备生产厂房，郑州市有关部门超常规运作，每天保持24小时工作状态，用16天干完了通常32天才能完成的任务，保证了富士康集团从2010年7月初正式注册到2010年8月3日第一条生产线开工生产，仅仅用了30天。具体行为如表3-3所示。

表3-3　富士康入驻郑州过程中的政府行为

时间	政府行为
2007年	郑州市政府成立"富士康科技集团郑州投资项目协调推进领导小组"，小组由市长担任组长，各相关部门主要负责人为小组成员，负责入驻对接协调工作，但是合作未果
2010年3月	富士康集团派先遣组来河南调研考察后，对接工作从市级上升至省级层面
2010年5月	河南省政府与富士康集团展开4次商务谈判，时任省长与郭台铭亲自会面
2010年6月	6月22日，在富士康集团总部，河南省政府代表与富士康集团财务总监签订《战略合作框架协议》
	工人在16天里24小时连轴转；厂房施工三班倒；或以行政手段将原有企业搬迁，腾挪出足够厂房；并以全市工程设备配合富士康厂房所需，如从地铁施工场地"借来的"特殊规格的电缆和空气压缩机
	富士康集团所在的出口加工区管委会为其办公区准备各办公设施，确保富士康管理人员一来就可以直接投入工作
	在保税区厂区，组织河南省"一建""五建"和郑州市"一建"三家国有建筑公司对原有厂房进行腾退、改造和新建，帮助富士康集团在厂区周围寻找员工宿舍
	保税区内设立海关分支机构，24小时办理通关业务、成立单独为富士康集团服务的工作组，安排专门人员对接，实行"保姆式服务"
2010年7月	富士康郑州公司注册，2010年8月第一条生产线投产

注：根据新闻报道和网站新闻整理。

富士康集团入驻河南，这样大动作的战略性转移，带动其产业链上下游的企业也开始战略调整。除了追本逐利的经济原因外，企业间管理层在多年的商务交往中，培养的"友谊"和"默契"也起到了一定的作用。这种深厚的友谊，对企业领导人进行相关投资决策产生了辅助的影响。以同为台商的光华电子为例，作为富士康的配套企业，多年来与富士康集团贸易往来频繁，其董事长更是与富士康集团高层保持密切交流。富士康集团2010年刚刚落户郑州，光华电子便紧随其后进驻漯河，创立漯河市光华电子有限公司，而在光华电子建成投产后,借助光华电子的带动作用,2011年又有三家以LED、3C产品为生产项目的富士康配套企业落户漯河。值得说明的是,河南省能够顺利与富士康集团签订战略合作协议,除了河南省各方面优惠政策的吸引外,人际交往也起到了一定的作用。

(四)文化根植

富士康集团分布在全国各地的员工共有80余万人,其中河南籍员工占比将近五分之一。河南省是劳务输出大省,每年有2300多万剩余农村劳动力,2010年富士康集团在郑州成功落户,意味着几十万务工人员可以免于思乡之苦,在家门口稳定就业。2010年起,河南省在外务工人员"返乡潮"逐渐凸显。

自改革开放起,河南人为改善家庭经济状况,就结伴南下"珠三角"打工,成为沿海务工人群的主力军。由于各地文化习俗的差异以及本地人对外地人的刻板印象,在外务工的河南人面临着歧视、误解、孤立的困境,较为缺乏安全感。适逢此时,富士康集团大举内迁,选定河南省省会郑州市作为生产基地搬迁地。对于在外的河南人来说,返乡务工不仅能增加归属感,更拥有一种建设家乡的使命感。河南人不怕苦、肯吃苦,河南工人的勤恳造就了令人称奇的"郑州速度",也正是河南工人朴实、肯干、兢兢业业的品质,才能在富士康郑州园区近乎苛刻的生产环境之下,创造出"苹果神话",为河南人正名。同时,富士康郑州园区也加大对员工的人文关怀,逐步完善员工福利。例如:富士康郑州园区实行和深圳园区同等的工资水平、同等的工作时长以及同等水平的加班工资补偿,同样拥有崭新的职工宿舍以及配套的娱乐设施、医疗中心,并逐步建设线上线下双向联动的职工服务机制。这些措施使得员工的生产生活有了保障,心理上得到了安慰。富士康落户河南,增加了同为河南籍员工的"同乡情",也能使高强度的工作压力得以略微缓解。

第四章 产业集聚的空间外部性与地区转型发展

第一节 空间外部性作用于地区转型发展的机理和形式

一、空间外部性作用于地区转型发展的机理

空间外部性是地方化集聚经济效应的体现,最初由英国经济学家阿尔弗雷德·马歇尔(Alfred Marshall)1890年提出,包括劳动力市场共享、中间投入品、技术外溢三个部分,其中前两部分是金融外部性(pecuniary externality),即通过规模效应所形成的外部经济,第三部分称为技术外部性(technology externality)。两者最大的区别在于是否通过市场机制而发生。其中,金融外部性得益于经济主体间的交互作用,通过市场机制发生作用;技术外部性则不以市场机制为媒介,不受个体和企业等任何经济主体的控制(陈继勇和梁柱,2011)。

在金融外部性中,劳动力市场的共享可以降低企业雇佣成本和雇佣的不确定性,提高劳动力市场匹配的效率;一大批辅助性行业的形成和成长可以增强产业关联,中间投入品的供应可以形成产业前、后向关联,前向关联能使企业实现生产规模快速的增长和扩张,降低单位产品成本,后向关联可以使企业的生产环节联系起来。总的来看,在金融外部性作用下,企业可以享受专业化投入带来的业务流程的改善、贸易成本的降低,使地区经济绩效得到

提升。在技术外部性中,产业内的技术溢出效应导致新知识在产业内的企业之间快速传播,不仅会提高企业生产经营的效率,还会通过传导机制提升其他企业的经济效率,共同促进地区经济绩效提升和技术进步,促进创新产品涌现和创新氛围的形成。关系机理如图4-1所示,外部性通过产业集聚的金融外部性(劳动力市场共享、中间产品投入)和技术外部性(技术溢出效应)来提升地区和企业经济绩效、促进技术进步,进一步来促进地区转型发展。

图4-1　空间外部性促进地区转型发展的机理

二、空间外部性作用于地区转型发展的形式

金融外部性强,表示地区形成规模经济,企业单位生产成本低,地区经济绩效良好。技术外部性强,表示地区的生产效率高,技术创新能力强。根据金融外部性和技术外部性的关系,可以将把空间外部性作用于地区转型发展的形式分成四种,即"金融外部性强,技术外部性弱""金融外部性弱,技术外部性强""金融外部性弱,技术外部性弱"和"金融外部性强,技术外部性强"。如图4-2所示。

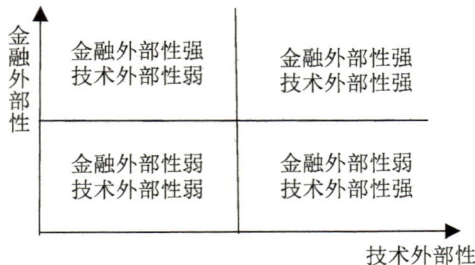

图4-2　空间外部性作用于地区转型发展的形式

形式一"金融外部性强,技术外部性弱",表示该地区享受产业集聚带来的规模经济的好处,地区经济绩效良好,但是企业间的技术溢出效应弱,影响

地区生产效率提升和技术进步。形式二"金融外部性弱,技术外部性强",表示该地区企业之间溢出效应强,促进地区技术进步和效率提升,但是地区企业未能享受集聚带来的生产成本的节约,地区经济绩效不够好。形式三"金融外部性弱,技术外部性弱",表示该地区企业间技术溢出弱,阻碍地区生产效率提升和技术进步,地区可能存在产业集聚带来的规模不经济,地区经济绩效较差。整体来看,该地区不具备转型发展的基础和能力。形式四"金融外部性强,技术外部性强",表示该地区既能享受集聚带来的规模经济的好处,又形成良好的技术溢出效应,地区生产效率和技术进步均强,地区具有强烈的转型发展能力。

三、文献回顾

关于产业外部性与地区经济发展关系的研究文献,研究结论并不一致,主要表现为以下三种形式:

(1)一些研究支持MAR外部性,不支持Jacobs外部性。Henderson(1986)以美国和巴西两位数代码制造行业的地区横截面数据为研究样本,其研究发现在中小规模的地区经济集聚中,产业专业化具有明显的影响效应,而产业多样化的作用并不显著。接着,Henderson et al.(1995)以美国5个资本密集型产业的面板数据为样本,实证考察了外部性与产业发展的关系,研究发现在产业增长中存在强的MAR外部性(地方化)和弱的Jacobs外部性(城市化)。Mukkala(2004)以芬兰83个内陆次区域的3个制造业子部门1995年和1999年的数据,基于生产函数法研究集聚经济与地区生产率之间的关系,认为制造业部门中主要是MAR外部性(地方化经济),而不是Jacobs外部性,并且地方化经济促进小企业的发展。Martin et al.(2008)运用法国1996—2004年个体企业数据实证分析了空间集聚活动对企业生产率的影响,结果表明:法国企业存在显著的MAR外部性正效应,但不存在Jacobs外部性和Porter外部性。范剑勇等(2014)基于我国县级层面1998—2007年3个高科技产业的数据进行分析,表明专业化经济能够显著提升TFP(全要素生产率)增长率,而多样化经济的影响并不显著。

(2)一些研究支持Jacobs外部性,不支持MAR外部性。与Marshall相左,

Jacobs(1969)认为产业多样化水平越高,越能促进集聚经济与知识溢出效应的发挥,越能促进地区生产率的提升。Ellison & Glaeser(1997)运用EG指数对美国制造业进行研究,得出的结论支持Jacobs外部性。Batisse(2002)使用中国29个省份30个制造业1988—1997年的面板数据,研究外部性对于地区经济增长的影响,发现产业外部工业环境的多样性即Jacobs外部性和产业内的竞争度有利于产业的增长,但产业专业化即MAR外部性对产业的经济增长效应显著为负。程中华和于斌斌(2014)考察产业集聚对地区工资水平影响的空间溢出效应,其研究结论表明产业多样化对我国地区工资水平提升起到了正向效应,而产业专业化却是显著性的抑制作用。此外,还有部分学者研究了产业聚集模式对创新的作用,如Feldman & Audretsch(1999)考察产业专业化、多样化对美国新产品的影响,他们的结论表明,多样化的产业结构更能促进创新。

（3）一些研究同时支持MAR外部性和Jacobs外部性。Forni & Paba(2002)通过意大利3位数行业的就业数据,实证分析了产业专业、多样化对意大利制造行业部门增长的影响,其研究结论揭示产业集聚效应对地区产业增长具有重要作用,而且对绝大多数制造行业来说,产业专业化、多样化都能起到显著的促进作用。彭向和蒋传海(2011)使用我国1999—2007年30个地区21个工业行业的面板数据,实证研究了区域内知识外部性、企业竞争对我国制造业区域产业创新的影响。研究结果表明:在我国地区产业创新方面,MAR外部性与Jacobs外部性均具有显著的正向效应,但影响程度不同,而区域内企业竞争对创新的影响显著为负。王春晖和赵伟(2014)从区域开放的视角,构建一个两区域、两产业模型,认为地区产业升级中同时存在MAR外部性、Jacobs外部性和Porter外部性。

可以看出,不同地区、不同行业的产业集聚外部性,其效应和影响是不同的。对于一个地区而言,集聚什么样的产业、以什么形式集聚等问题,需要根据实际情况进行深入研究,这有利于地区经济绩效的提升,也有利于政府产业发展政策的制定。

第二节 我国东中西部典型城市的比较

为研究产业集聚的外部性和地区转型发展问题,本研究选取我国东、中、西部三大区域的重点城市广东广州、湖北武汉、甘肃兰州,进行市域层面的对比分析。广州市是珠三角城市群的代表性城市,区域内包含众多的专业镇,已经形成包括皮具、服饰等在内的多个区域特色品牌,这些特色产业集聚模式对经济增长施加着较强的影响。武汉市是长江中游城市群的支点,近年来着力建设战略新兴产业,正在打造国际级生物产业基地、芯片存储器基地、航天产业基地,汇集了一大批优秀的制造业产业集聚。兰州市位于黄河沿岸,是西部大开发战略的重要阵地,经过多年的发展,区域内产业集聚形态良好,是拉动西北地区经济增长的重要极点。三座城市分别在我国东部、中部、西部占有重要地位,同时产业集聚现象较为突出。这些城市产业集聚的外部性效应有何不同,分别对地区经济转型有何影响,不同城市之间的转型路径有何差异,都是值得研究的重要议题。因此,本研究以广州市、武汉市、兰州市的制造业为例进行实证分析,探讨产业外部性对地区经济转型的影响程度,并进行横向对比,提出相应的发展对策和建议。

一、我国东中西部典型城市产业集群现状

(一)广州市产业集群现状

广州市是华南地区最大的城市,是"一带一路"倡议的重要节点城市,也是粤港澳大湾区和泛珠江三角洲经济区的核心城市。作为改革开放的前沿阵地,商贸业发达,专业市场密布,产业集群规模不断增长。截至2017年,广州的规模以上工业产值中汽车制造、电子产品制造、石化制造业三大产业占比达52.1%,占据支柱性地位。广州逐渐形成汽车整车制造、化工精炼、电子信息设备、生物与健康、新材料与高端制造等多个规模巨大的产业集群。例如,广州市作为全国首批新材料产业高新技术基地之一,已经拥有一批独创

性、创新的拳头产品,产业集群优势突出。全市新材料企业超过300家,产值超亿元企业逾1/3,在集群产业内形成高分子材料、金属材料、电子信息材料等多维发展方向。在广州开发区的辐射作用下,黄埔、南沙、白云、花都等地逐步承接新材料产业链部分环节,形成集聚度更高的产业集群。

集群产业中,高新技术产业的产值比例逐年升高,且行业集中度保持在高位。2017年,广州市通信设备、电子设备制造产业占工业总产值的11.8%。为促成产业集聚和技术创新,广州市十分重视科技园区及孵化器的建设。截至2018年2月,广州市科技企业孵化器超过270家,广州开发区、南沙开发区、增城开发区为国家级经济技术开发区,整个工业园区聚集效应明显,在技术研发与配套方面拥有扎实的基础。但是,广州市产业集群在全球生产价值链中分工地位仍然不高,机电产品在欧美市场缺乏足够的竞争优势,发明成果转化路径不够畅通,专利转化率有待提升,需要由传统产业集群向创新产业集群跨越,更好发挥龙头作用和先导作用。2013年至今,科技部共公布三批创新型产业集群试点61个,广州市产业集群均未列入。广州市产业集群中包含众多中小型民营企业,受资金、人才、市场等制约,创新意识强烈,但创新能力还有待提高,集群产业的拉动效应还需进一步挖掘。

(二)武汉市产业集群现状

武汉市是中部地区的中心城市,是长江经济带的核心城市,也是全国重要的工业基地。武汉市拥有较为久远的工业历史、良好的自然资源条件和丰富的科教人才资源,经济效益不断提高,产业集群规模也在不断增长,《2017年度湖北省重点成长型产业集群名单》内容不断丰富。在智能制造、互联网+理念的引导下,武汉市坚持推进智能制造产业集群建设,聚集一批3D打印创业企业、无人机系统检测中心、物联网智慧平台,以此带动传统产业集群的创新与转型。为响应市场需求,武汉市致力于打造具有竞争力的集成电路产业集群,已吸引长江存储、武汉新芯、华为海思光电子等优秀设计单位,半导体设备制造基地、封装测试基地、集成电路设计产业园也在同步建设。发展高新技术产业,提高产业集群创新能力和技术水平,延伸产业价值链,带动关联产业共同转型,是武汉市加快现代制造业发展的主题。

武汉市高新产业集群虽然发展较快,但高新技术的突破需要资金、技术和时间积累,武汉市产业集群竞争力仍显不足。众多产业集群整合尚在初级阶段,"扎堆"现象严重,产业链内专业化分工不够明显,上下游企业协同关系不够紧密,众多配套企业无序竞争的局面还未缓解,这些因素也限制产业集群的进一步的扩张。高新产业集聚的初期,多依赖税收、土地、信贷方面的优惠政策,本地根植性不够强,空间集聚是否由产业集聚的外部性推动,也有待检验。从武汉市产业集群的产品产出现状看,集群内企业的技术成果转化率有限,与武汉市强大的科教资源不相称,产学研联动机制还需协调。

(三)兰州市产业集群现状

兰州市是西北地区重要的工业基地。兰州市三大传统优势产业为石油化工、装备制造、冶金有色产业,占全市工业比重超过50%。其中,石油化工产业延伸出石化产业集群、精细化工材料产业链,装备制造产业延伸出石化装备产业集群、风电设备产业集群、机床设备产业集群、工程机械产业集群,冶金有色产业细分为铝冶炼及加工产业链、钢及钢材产业链、铁合金及其产业链等。兰州市各类工业园区众多,资源相对较为分散,兰州新区、兰州高新区、兰州经济区各具特色。2012年,兰州新区升格为国家级新区,定位于战略性新兴产业、高新技术产业和循环经济的集聚区,承接东中部装备制造业转移的先导区,在财税金融、招商引资方面获得极大支持,拥有资金集聚、人才集聚、产业集聚、信息集聚的极大优势。

以兰州新区为代表的园区建设,为产业集群的形成创造良好的条件。空间上的集聚,使集群内企业的合作意愿更加强烈,产业链的分工及多层次的合作,有利于形成非正式的合作契约,降低交易成本,有效提高协同组织能力。园区建设的推进,使得中小企业为产业链龙头企业提供配套服务更为便利,基于产业关联性的共生,中小企业发展赢得足够的空间优势。但是,兰州新区的园区建设也面临短板,主要是发展后劲不足。随着国家级新区建设推广,政策优势遭到稀释,入驻新区的企业投资额有限,产业链条不长,关联企业间联系不够紧密,产业层次有限,公共服务和配套设施基础较差。政策主导下的园区建设,税源形成缺乏有效支撑,受国内外经济形势影响,产业投资意愿降低。这些因素也限制了兰州市产业集群规模的扩大与结构的优化,对产业集群的外部性产生重要影响。

二、实证分析

（一）模型设定

为分析产业外部性与地区经济转型发展的关系，采用下列隐函数模型：

$$TDI_{it}(PROD_{it}, STRU_{it}) = A_{it} \times f(FDI, GOV, EDU)$$

$$A_{it} = f(RZI, RDI)$$

其中，A_{it} 表示技术水平，由专业化指数 RZI（MAR 外部性）和多样化指数 RDI（Jacobs 外部性）决定。TDI_{it} 表示地区经济转型发展指数，主要由两部分构成，经济绩效指标（$PROD_{it}$）和结构调整指标（$STRU_{it}$），受技术水平 A_{it}、外商直接投资水平 FDI、政府干预程度 GOV 和人力资本水平 EDU 共同作用。将技术水平函数代入经济转型发展函数中，考虑到模型中变量可能会出现多重共线性和异方差性，故将模型对数化处理。同时，根据既有研究设定以下两个模型：

$$LnTDI_{it}(PROD_{it}) = \alpha_1 LnRZI_{it} + \alpha_2 (LnRZI_{it})^2 + \beta LnRDI_{it} + \gamma LnFDI_{it}$$

$$+\delta LnGOV_{it} + \varepsilon LnEDU_{it} + \mu_{it} \quad （1）$$

$$LnTDI_{it}(STRU_{it}) = \alpha_1 LnRZI_{it} + \alpha_2 (LnRZI_{it})^2 + \beta LnRDI_{it} + \gamma LnFDI_{it}$$

$$+\delta LnGOV_{it} + \varepsilon LnEDU_{it} + \mu_{it} \quad （2）$$

其中，i 表示城市，t 表示时期，PROD 为衡量经济绩效的指标，表示该地区的经济绩效提升情况，STRU 为衡量产业结构优化的指标，表示该地区的产业结构调整情况。模型中加入专业化指数的平方项 $(LnRZI)^2$ 则是为了继续验证前面非线性假定，加入的 RDI_{it} 代表产业的多样化水平。将外商直接投资水平 FDI、政府干预程度 GOV 和人力资本水平 EDU 作为控制变量加入，μ_{it} 为随机扰动项。

（二）变量说明和数据来源

1. 被解释变量

继续选用经济绩效指标 PROD 和结构调整指标 STRU，作为被解释变量地区经济转型发展指数 TDI 的两个组成部分，分别用来衡量地区经济绩效和产业结构优化的程度。经济绩效指标 PROD 选取 GDP 增长率、人均 GDP、全员劳动生产率(=工业增加值/全部从业人员平均人数)、固定资产投资率(=固定资产投资额/当期GDP)、工业产值利税率(=利税总额/工业总产值)五个二级指标构建其指标体系。对于结构调整指标STRU,用创新能力水平代替,选取科技企业数、科技经费投入、授权发明专利数三个二级指标构建其指标体系。由于不同的经济指标作用大小不同,为保证分析结果的科学合理性,故采用客观的熵值法确定各个指标的权重大小。构建地区经济转型发展指数TDI模型如下:

$$TDI(PROD,STRU) = \sum_{i=1}^{10} W_i Y_i$$

其中,W_i 为每个指标对应的权重,Y_i 为所有的二级指标标准化后的数据。TDI指数越高,说明该地区经济绩效越好、经济结构优化程度越高。由以上模型分别得到广州市、武汉市、兰州市的经济绩效 TDI(PROD)和产业结构调整 TDI(STRU),具体如表4-1、表4-2、表4-3、表4-4、表4-5、表4-6所示。

表4-1　2005—2016年广州市经济转型发展指数TDI(PROD)

年份	GDP增长率	人均GDP	全员劳动生产率	固定资产投资率	工业产值利税率	TDI指数
2005	0.080392	0.09005	0.082577	0.081366	0.083791	0.418176
2006	0.090186	0.101684	0.100994	0.079131	0.089511	0.461506
2007	0.087504	0.111561	0.116100	0.077553	0.097971	0.490689
2008	0.081511	0.120844	0.097465	0.077893	0.093391	0.471104
2009	0.055370	0.124866	0.056057	0.080802	0.092168	0.409264
2010	0.088487	0.135849	0.115998	0.082823	0.093498	0.516654
2011	0.079407	0.149526	0.128729	0.078632	0.082098	0.518392
2012	0.049933	0.160689	0.031388	0.07894	0.078123	0.399074
2013	0.073892	0.179880	0.076049	0.08027	0.084357	0.494447
2014	0.044327	0.190759	0.071886	0.081044	0.080507	0.468523
2015	0.046585	0.200997	0.032731	0.081993	0.081179	0.443485
2016	0.045050	0.208625	0.073209	0.08091	0.081352	0.489145

表4-2　2005—2016年广州市经济转型发展指数TDI(STRU)

年份	科技企业数	科技经费投入	授权发明专利数	TDI指数
2005	0.089471	0.089826	0.08944	0.268737
2006	0.098089	0.097516	0.10199	0.297595
2007	0.129761	0.103561	0.119272	0.352593
2008	0.160189	0.110022	0.154047	0.424258
2009	0.259453	0.120695	0.202222	0.58237
2010	0.250054	0.141001	0.258235	0.64929
2011	0.309283	0.145706	0.390712	0.845701
2012	0.251399	0.155329	0.487125	0.893853
2013	0.268151	0.172409	0.485287	0.925846
2014	0.282810	0.192278	0.538381	1.013469
2015	0.486556	0.194360	0.748905	1.42982
2016	0.775376	0.237747	0.845971	1.859093

表4-3　2005—2016年武汉市经济转型发展指数TDI(PROD)

年份	GDP增长率	人均GDP	全员劳动生产率	固定资产投资率	工业产值利税率	TDI指数
2005	0.08111	0.089907	0.084138	0.090249	0.089895	0.435298
2006	0.073165	0.101935	0.165439	0.094173	0.110653	0.545365
2007	0.086671	0.119349	0.25814	0.104162	0.123974	0.692296
2008	0.102682	0.14498	0.240006	0.109661	0.102541	0.699871
2009	0.074791	0.166869	0.254988	0.120854	0.130613	0.748115
2010	0.08042	0.194542	0.381975	0.131026	0.136151	0.924114
2011	0.081666	0.227603	0.267559	0.116293	0.106252	0.799373
2012	0.059239	0.25452	0.264673	0.128407	0.097942	0.804781
2013	0.05335	0.281328	0.196277	0.13728	0.106561	0.774797
2014	0.04602	0.309591	0.309332	0.141329	0.099741	0.906013
2015	0.032156	0.323578	0.32454	0.12177	0.090259	0.243224
2016	0.038077	0.344486	0.182261	0.114276	0.101907	0.781007

表4-4　2005—2016年武汉市经济转型发展指数TDI(STRU)

年份	科技企业数	科技经费投入	授权发明专利数	TDI指数
2005	0.089823	0.089806	0.089409	0.269038
2006	0.090910	0.093055	0.123250	0.307215
2007	0.093589	0.093151	0.157821	0.344561
2008	0.099421	0.097257	0.197113	0.393791
2009	0.129913	0.136572	0.290319	0.556804
2010	0.114639	0.126269	0.419696	0.660605
2011	0.140739	0.144977	0.592162	0.877878
2012	0.138998	0.157219	0.844685	1.140903
2013	0.142480	0.156177	0.897451	1.196108
2014	0.146737	0.166628	1.024261	1.337626
2015	0.144801	0.155859	1.379830	1.680491
2016	0.168112	0.179327	1.559477	1.906916

表4-5　2005—2016年兰州市经济转型发展指数TDI(PROD)

年份	GDP增长率	人均GDP	全员劳动生产率	固定资产投资率	工业产值利税率	TDI指数
2005	0.075783	0.094009	0.080333	0.083829	0.082459	0.416413
2006	0.090841	0.178016	0.128137	0.082713	0.081094	0.560801
2007	0.091884	0.117515	0.127350	0.078034	0.090230	0.505013
2008	0.051643	0.135404	0.104801	0.071979	0.080408	0.444235
2009	0.056585	0.138972	0.009240	0.084201	0.085246	0.374244
2010	0.069733	0.159890	0.146471	0.078045	0.111906	0.566045
2011	0.045590	0.178397	0.132434	0.081405	0.121010	0.558836
2012	0.042595	0.193610	0.047990	0.082070	0.096880	0.463145
2013	0.051052	0.205952	0.065993	0.090324	0.090340	0.503661
2014	0.051526	0.211565	0.062995	0.090594	0.094933	0.511613
2015	0.059425	0.229689	0.031991	0.089402	0.337906	0.748413
2016	0.051623	0.244883	0.108278	0.106351	0.178655	0.689790

表4-6 2005—2016年兰州市经济转型发展指数TDI(STRU)

年份	科技企业数	科技经费投入	授权发明专利数	TDI指数
2005	0.091102	0.086199	0.087894	0.265195
2006	0.156126	0.124607	0.125137	0.405870
2007	0.119317	0.150620	0.151747	0.421684
2008	0.136525	0.182313	0.251046	0.569884
2009	0.187512	0.206071	0.323691	0.717274
2010	0.150761	0.234528	0.410841	0.796130
2011	0.158769	0.313086	0.675362	1.147217
2012	0.187936	0.301593	0.848362	1.337891
2013	0.216717	0.453595	0.825144	1.495456
2014	0.219295	0.45736	0.964061	1.640716
2015	0.230428	0.458021	1.654282	2.342731
2016	0.250644	0.502392	1.834173	2.587209

注:统计结果分别根据广州市、武汉市、兰州市2005—2016年统计年鉴整理计算得出。

2.解释变量

根据相关文献的度量方法,分别采用产业专业化指数和产业多样化指数来衡量MAR外部性和Jacobs外部性。本研究选用相对衡量指标RZI分别反映三市产业专业化指数,其公式表示为 $RZI_i = Max_j(S_{ji}/S_i)$,其中,S_{ji}表示i城市中j产业的就业人数占该城市总就业人数的比重,而S_i为所有j产业的就业人数占全部城市就业人数的比重。产业多样化指数(衡量Jacobs外部性)选用与产业专业化指数相一致的RDI,其公式表示为 $RDI_i = 1/\sum|S_{ji} - S_i|$,这里的S_{ji}和S_i同上。

3.控制变量

考虑到一个地区的经济转型发展还有可能受其他因素的影响,如外商投资、政府干预、人才数量等会影响到一个地区的经济绩效提升和产业结构调整,所以选取外商直接投资水平FDI、政府干预程度GOV和人力资本水平EDU三个变量作为控制变量。对于外商直接投资水平FDI,基于数据的可获得性和遵从文献的一致性,本研究采用年度实际利用外商投资额占GDP的比重来衡量。对于政府干预程度GOV,本研究使用工业商业等事务支出占GDP的比重来反映政府干预程度。关于人力资本水平EDU,本研究采用年末单位就业人员中专业技术人员占比与平均每万人中在校大学生比率的加权平均作为代理变量。

4.数据来源和处理

本研究相关数据均来自《中国统计年鉴》(2006—2017)、《广州市统计年鉴》(2006—2017)、《武汉市统计年鉴》(2006—2017)、《西安市统计年鉴》(2006—2017)。数据处理采用定基指数法,以各市2005年的发展水平为基期,并用2005—2017年每个指标的实际值X_i与基期值X_{2005}比较,得出标准化值Y_i,具体公式如下:

正指标的处理:$Y_i = \dfrac{X_i}{X_{2005}}$

逆指标或中间指标的处理:$Y_i = \dfrac{X_{2005}}{X_i}$

注:按照国际标准,这里除了固定资产投资率为中间指标,其他指标均为正指标。

(三)模型检验与分析

1.产业外部性与地区经济绩效

在假设其存在非线性的情况下,为验证MAR外部性、Jacobs外部性与地区经济绩效的关系,需要依次在模型(1)的基础上加入MAR外部性的平方项$(LnRZI_{it})^2$、Jacobs外部性的平方项$(LnRDI_{it})^2$以及同时加入二者,形成四种情况的回归分析。因为篇幅限制,本研究仅展示三市最优模型的回归结果,如表4-7所示。

表4-7　三市MAR外部性、Jacobs外部性与地区经济绩效的回归估计结果

解释变量	被解释变量LnTDI(PROD)		
	广州市	武汉市	兰州市
LnRZI	11.231**(3.839)	22.908(0.903)	−6.020***(4.871)
$(LnRZI)^2$	−3.418(−1.989)	−5.746(−1.727)	
LnRDI	−27.137***(−5.985)	74.451(1.619)	45.973*(2.417)
$(LnRDI)^2$	10.386(0.916)	−14.801(−1.669)	

解释变量	被解释变量LnTDI（PROD）		
	广州市	武汉市	兰州市
LnFDI	0.658**(3.935)	0.460*(2.420)	0.372*(2.181)
LnGOV	−0.172*(2.344)	1.267(0.376)	1.872*(2.228)
LnEDU	0.116(0.271)	4.912(0.816)	6.019*(2.463)
常数项	11.393(1.119)	−96.893(−1.660)	62.122(0.193)
R²	0.961	0.967	0.963
F	12.290***	20.040***	27.186***

注：变量括号内为 t 值，*、**、***分别表示在10%、5%和1%的水平上显著。

从检验结果看，三市最优模型的可决系数均在0.96以上，模型拟合效果较好，变量设置基本能反映客观情况。其中，广州市的RZI系数为11.231，显著性水平为5%，说明MAR产业外部性对地区经济增长有正向影响。从RZI的系数和RZI平方项的系数正负看，MAR外部性对地区经济绩效提升的影响是非线性的。武汉市的RZI系数为22.908，显著性水平未达到10%，说明其MAR产业外部性对地区经济增长的促进作用没有释放，正向效应较弱，同样可得出武汉市MAR外部性对地区经济增长的影响是非线性的。兰州市的RZI系数为−6.020，且达到1%显著水平，说明兰州市MAR产业外部性对地区经济增长具有较强的负向作用。此最优模型中未加入RZI的平方项，说明MAR外部性对其影响是线性的。

对于Jacobs外部性，广州市的RDI系数为−27.137，且在1%水平显著，说明Jacobs外部性阻碍广州地区的经济增长。RDI的平方项为正系数，进一步说明Jacobs外部性与广州地区的经济绩效提升是非线性关系，整体呈"U"型趋势。武汉市的RDI系数为74.451，仍然显著性不够，说明Jacobs外部性对武汉地区的经济增长作用较弱。兰州市的RDI系数为45.973，显著性达到10%水平，可认为兰州市Jacobs外部性不利于地区经济水平提升。从最优模型的选择来看，后两者并未呈现非线性的特征。

广州市的外商直接投资水平FDI系数为0.658，显著性水平在5%上，对于地区经济绩效提升是有利的，但和MAR外部性相比作用程度较小。另外，广州市的人力资本水平EDU对经济绩效提升未表现出明显的正向作用,而政府干预程度GOV反而呈现负效应。武汉市的外商直接投资水平FDI系数为0.460,能够促进地区经济绩效提升,政府干预程度GOV和人力资本水平EDU均表现出促进作用,但仍然不够显著。兰州市的外商直接投资FDI促进地区经济绩效提升,但作用强度小于武汉市,政府干预程度GOV和人力资本水平EDU促进地区经济增长。

2.产业外部性与地区产业结构调整

为了验证MAR外部性、Jacobs外部性和地区产业结构调整的关系,在模型(2)的基础上依次加入MAR外部性的平方项$(LnRZI_{it})^2$、Jacobs外部性的平方项$(LnRDI_{it})^2$以及同时加入二者,形成不同的回归方程。然后对模型的拟合优度进行对比,分别选出三市的最优模型,如表4-8所示。

表4-8 三市MAR外部性、Jacobs外部性与地区产业结构调整的回归估计结果

解释变量	被解释变量LnTDI(PROD)		
	广州市	武汉市	兰州市
LnRZI	33.781**(5.252)	14.210*(3.469)	−17.944**(−4.397)
$(LnRZI)^2$	−8.380(−2.820)	−7.154(−2.376)	
LnRDI	−57.981***(−13.547)	16.848*(3.961)	−19.344(0.226)
$(LnRDI)^2$	25.464(3.797)	−3.978(1.123)	
LnFDI	−1.339**(−3.206)	0.761*(3.067)	0.417*(3.327)
LnGOV	0.302(1.017)	−0.603***(−3.469)	−0.297*(−4.066)
LnEDU	1.742*(3.828)	0.361(0.157)	0.225(0.241)
常数项	−0.781(−0.129)	6.166(0.260)	6.044(0.903)
R^2	0.995	0.985	0.977
F	118.482***	36.379***	21.358***

注:变量括号内为t值,*、**、***分别表示在10%、5%和1%的水平上显著。

从检验结果看,三市最优模型的可决系数均在0.97以上,模型拟合效果良好。其中,广州市的RZI系数为33.781,显著性水平为5%,说明MAR产业外部性对产业结构调整有正向影响。从RZI的系数和RZI平方项的系数正负看,MAR外部性对地区产业结构调整的影响是非线性的。武汉市的RZI系数

为14.210，显著性水平达到10%，说明其MAR产业外部性对产业结构调整存在促进作用，同样可得出武汉市MAR外部性对地区产业结构调整的影响是非线性的。兰州市的RZI系数为-17.944，且达到5%显著水平，说明兰州市MAR产业外部性对产业结构调整具有较强的负向作用。

对于Jacobs外部性，广州市的RDI系数为-57.981，且在1%水平显著，说明Jacobs外部性阻碍广州地区的产业结构调整。RDI的平方项系数正负相反，Jacobs外部性与广州地区的产业结构调整是非线性关系。武汉市的RDI系数为16.848，显著性达到10%，说明Jacobs外部性对武汉地区的产业结构调整具有较弱的正向作用。兰州市的RDI系数为-19.344，且不够显著，可以认为兰州市Jacobs外部性阻碍地区产业结构调整，而效果仍然不显著。

广州市的外商直接投资水平FDI系数为-1.339，显著性水平在5%上，对于地区产业结构调整是不利的。另外，广州市的人力资本水平EDU对产业结构调整表现出明显的正向作用，而政府干预程度GOV虽为正效应，但表现不明显。武汉市的外商直接投资水平FDI系数为0.761，能够促进地区产业结构调整，政府干预程度GOV阻碍其地区产业结构调整，人力资本水平EDU对产业结构调整的促进作用不够显著。兰州市的外商直接投资FDI促进地区产业结构调整，政府干预程度GOV明显阻碍产业结构调整，人力资本水平EDU对产业结构调整的正效应则不明显。

3.结论分析

实证结果如表4-9所示。

表4-9　MAR外部性、Jacobs外部性及控制变量对三个典型城市的影响

市域层面	广州市		武汉市		兰州市	
	经济绩效	结构调整	经济绩效	结构调整	经济绩效	结构调整
MAR外部性	正效应	正效应	不明显	正效应	负效应	负效应
Jacobs外部性	负效应	负效应	不明显	正效应	负效应	不明显
FDI	正效应	负效应	正效应	正效应	正效应	正效应
GOV	负效应	正效应	不明显	负效应	正效应	负效应
EDU	不明显	不明显	不明显	不明显	正效应	不明显

从实证结果看,在MAR外部性与地区经济绩效提升关系方面,广州市为较明显的正向效应,武汉市为不明显的正向效应,且两者是非线性的,可能的原因是广州市和武汉市同类产业空间上较为集聚,能够发挥出劳动力共享、技术外溢等方面的优势,推动地区经济增长。两者均为非线性,说明产业集聚的前期MAR外部性并不一定是利于经济增长,而前者的正效应比后者明显,是因为广州的同类产业集聚本身就处于市域范围内,如花都皮具市场。但武汉市的同类产业集聚不够集中,和周围的环武汉城市圈联系较为紧密。兰州市的MAR外部性对地区经济增长呈负效应,可能的原因是兰州市产业集聚以能源石化产业为主,这些产业受国际市场影响较大,容易出现波动,或者还处于集聚的前期阶段未达拐点,MAR外部性优势还未发挥出来。

在MAR外部性与地区产业结构调整关系方面,广州市和武汉市均表现出明显的促进作用,但造成该现象的原因可能有所不同。广州市能够发挥并扩大产业集聚的优势,使要素在不同产业和部门中合理流动,进而从整体层面促进产业结构调整。而武汉市集聚的产业以资本密集型和技术密集型为主,集聚优势能形成对其他产业的挤压,使产业结构向高度化发展,并逐步调整优化。兰州市的MAR外部性对产业结构调整表现出阻碍作用,可能的原因是能源石化产业相对独立,要素资源在产业间流动不够畅通,产业结构调整因此受阻。

在Jacobs外部性和地区经济绩效提升关系方面,广州市呈现出显著的负效应,且为非线性关系,可以看出广州市的Jacobs外部性处于"倒U型"的后半段,而武汉市和兰州市仍然表现为正向作用,说明两者并未达到拐点,关联产业的密切交流促进地区经济增长。

在Jacobs外部性和地区产业结构调整关系方面,广州市呈现出显著的负效应,可能的原因是皮具、服饰等产业是广州市块状经济的重要代表,这种劳动密集型产业过多吸取资金、人力资源等要素,发展成熟后转型较困难。武汉市呈现出不够显著的正效应,可能的原因是武汉市集聚的产业为新兴产业,具备长远投资条件,和其他产业联系较为紧密,能够有效引导产业结构良性调整,表现不明显说明武汉市新兴产业还处于成长期,没有完整发挥出集聚的优势,有待进一步推动。兰州市呈现不明显的负效应,可能的原因是产业集聚不够丰富,单一的形式能有效推动产业结构整体调整。

关于外商投资水平FDI,对广州市经济提升是有利的,但对其产业结构调整不利,可能的原因是广州市或者珠三角引进的外资仍然没有摆脱劳动密集型产业的约束,仍然阻碍地区产业结构调整。而FDI对武汉市和兰州市的经济绩效提升和产业结构调整均为正效应,前者可能的原因是武汉市优势的新兴产业吸引外资加入,进一步扩大集聚规模,促进两者的共同提升,后者的可能原因是外资的进入为兰州市的文化产业提供资金,促使兰州产业形式的多样化,进而推动经济增长和产业结构调整。

关于政府干预程度GOV,对广州市的经济增长呈现负效应,对其产业结构调整的正效应也不显著,可能的原因是广州市的民营经济较为发达,市场在资源配置中能够发挥较强的作用,政府的干预在一定程度上会起阻碍作用。而GOV对武汉市的经济增长影响表现为不显著的正效应,对其产业结构调整不利,说明政府干预仍然不能严格顺应地区转型的要求。在兰州市,GOV能够促进经济提升,但不利于产业结构调整,说明在市场不够活跃时,地方政府的干预行为对经济增长有效,地方主政者的思路可能会干扰产业结构调整进程。

关于人力资本水平EDU,对广州市的经济增长呈现不明显的促进作用,对其产业结构调整呈现明显的正向作用。可能的原因是广州经过长时间的人力资本流入,人力资本的边际效用逐渐降低,需要关注人才的质量,重点引进高层次人才。对武汉市和兰州市的经济增长和产业结构调整均为不明显的正效应,说明两市的人力资源优势并未完全发挥出来,可能存在岗位需求不匹配的问题,也可能存在高层次人才流失严重的现象,致使整体效应降低。

三、研究结论与政策建议

(一)研究结论

通过上述实证分析可知,①MAR外部性和地区经济发展水平关联度不高,主要看同类产业的集聚程度和集聚产业所处成长阶段是否为成熟阶段;②MAR外部性对产业结构调整的影响和集聚产业的层次以及所处的周期有关;③东部地区Jacobs外部性对经济增长不一定有利,需要集聚产业自身进行转型;④Jacobs外部性对产业机构调整的正向影响,以技术密集型企业表现最为突出;⑤FDI能够促进地区经济增长,且强度由沿海向内陆递减,对产业结构调整的影响取决于主要外资投入何种产业部门;⑥GOV在民营资本不活跃的城市能够有效促进经济增长,在民营经济活跃的城市正效应不明显,对产业结构调整一般起阻碍作用,且对西部城市的不利影响更深;⑦EDU对西部地区经济绩效提升有利,但对中、东部地区作用不明显,对产业结构调整的影响则是在东部地区有利,在中西部地区不明显。

(二)政策建议

(1)科学把握产业集聚规模。产业的集聚需要处于较为合适的区间,集聚程度不足将不能完全发挥出正外部性,而过度的集聚可能会引发负外部性。要对产业空间进行合理布局,引导过度集聚的产业梯度转移、转型,向园区集中,推动新的产业集聚区形成,切实利用好优势产业的辐射作用,逐步形成带动其他产业发展的增长极。

(2)提高产业发展层次。要逐步淘汰落后产能,引导产业由资源依赖型和劳动密集型向资金、技术密集型产业转型,尽力促成产业主体多元化。创造优质条件吸引与本地产业互补型的优质企业,重视对本地高新技术企业的孵化和培育,构建高效的综合服务平台,进一步打造优良的产业集聚环境。同时,在投融资政策上向战略性新兴产业倾斜,发挥创业资金的杠杆作用,加快集聚园区信用信息系统建设,尽快形成网络化管理。

(3)完善外商投资的政策环境。要以扩大开放的战略和自贸区建设的机遇为切入点,敲定外商准入负面清单,改善外商投资的环境,让市场活力得到充分释放。要引导外商投资向技术密集型产业和生产性服务业倾斜,加大对外商投资质量的关注,注意引进高新技术和先进的管理运营经验。

(4)积极转变政府职能。要从管理者的角色向服务者的角色过渡,对于民营经济活跃的地区,尽量减少政策的干预特别是对金融、信贷的干预,避免过多的资源人为导入特定部门。另外,要减少审批环节,提高行政效率,进一步优化营商环境。

(5)重视人力资本的投资和积累。首先要制定好长远的人才吸引政策,做好人才增量工作。其次要通过教育、培训等方式提高本地人才资本质量,特别是欠发达地区,对人才的吸引力有限,需要坚定不移的基础教育投入。最后,还要优化人力资本结构,让不同教育背景的人力资源处于更加合适的岗位,减少因错位匹配造成的人力资本浪费。

第三节　我国东中西三个典型省份的对比

为进一步研究产业集聚的外部性和地区转型发展问题,在市域层面对比的基础上,以浙江、湖北、广西三省(自治区)为例,进行省域层面的对比分析。在产业集聚过程中,省内集群产业规模更大,所含的产业链更加完整。这些集群产业所体现的协同效应和集聚效应究竟怎样,其产业集聚的外部性对地区转型发展是否呈现不同的作用,都是需要关注和思考的问题。因此,本研究继续以东中西部具有代表性的省份制造业为例,进行实证分析,并得出相应的政策建议。

一、浙江案例

(一)浙江省产业集群现状

浙江省是我国东部地区的经济强省。2017年地区生产总值GDP为51768亿元,经济增速为7.8%,在全国各省份中排名靠前。同时,浙江省也是全国产业集群最为集中的地区。在省内的89个县市区中,年产值在亿元以上的制造业产业集群超过600个,平均每个县产业集群数量达到3个,基本形成"一县一品""一县多品"的特色产业格局。通过产业间协同与分工,逐渐演化成极具特色的"块状经济"形态。在"中国百佳产业集群"排名中,浙江省连续三届入榜数量居首位,浙江省产业集群不仅数量多,而且规模大、种类齐全。从行业分布看,涉及木材加工、家具制造、工艺品制造、交通运输设备制造业等28个工业门类。从地区看,杭州市以家纺产业群、化纤产业群、装备制造产业群为主;宁波市以服装针织产业群、塑料模具产业群、汽车及零部件产业群为主;温州市以光伏电气产业群、五金汽配产业群、灯具产业群、鞋业产业群为主;嘉兴市以纺织产业群、经编产业群为主;湖州市以蓄电池产业群、童装产业群、地板产业群为主;绍兴市以珍珠产业群、轻纺产业群、袜业产业群、领带产业群为主;金华市以影视产业群、织造产业群、汽车及零部件产业群、小商品五金产业群为主;衢州市以氟硅产业群、羽毛球产业群、机电产业群为主;舟山市以船舶修造产业群、水产产业群为主;台州市以模具产业群、工艺品产业群、民营造船产业群为主;丽水市以带锯床产业群、剑瓷产业群、竹炭产业群为主。浙江省各市地之间,产业集群的数量和规模还存在一定的差距。

由地方原生性力量推动的产业集聚,充分发挥市场活力,在资金、技术等生产要素上共享,极大助力浙江省工业经济增长。在发展过程中,也呈现出以下特征:

一是不同产业形态的协作与融合发展。随着产业集群的规模增大,地理位置相邻的产业集群逐渐连片,同类产业连成一体,共享中间投入品和劳动力资源,在物流运输、仓储建设、技术外溢等方面具有显著优势。二是产业内容的拓展与丰富。特色产业在集聚过程中,并不一定依赖于当地的自然资源,不少地区出现"两头在外"的加工模式。在竞争与合作中,涌现出一大批知名品牌和具有重要影响力的产业集群。例如,国际小商品景气指数编制时采用浙江义乌小商品集群产业的相关数据。三是民营资本在产业集群中比较活跃。浙江部分集群产业源于家庭作坊式的生产,依靠本地的熟人关系网络发展壮大,前期的资本积累与良好的创业文化,助长民营资本发挥更大的作用。四是产业集群与专业市场互为依托。浙江各地为迎合商品经济的需要,逐渐形成一大批知名的专业市场,如义乌国际商贸城、柯桥轻纺城、永康中国科技五金城等。产业集群为专业市场提供富有竞争力的商品,专业市场为产业集群提供灵活而宽泛的销售渠道,并借助区域制度创新扩大两者交互的优势。

快速发展的背后,浙江集群产业也面临创新能力不强、产业层次不高、市场竞争无序、管理理念滞后等问题。为保障集群产业的持续健康发展,浙江省积极实施"八八战略",推动块状经济向现代产业集群转型升级。浙江依托于特色优势的块状产业,打造九大高端制造业基地,加大科技资金投入,重视创新平台建设和创新项目孵化,引导集群产业向技术密集型、资本密集型转变,致力于破解工业可持续发展难题。在这一指导战略下,搞清如何利用集聚效应来优化资源配置、实现要素协同进而促进地区转型发展,仍然具有重要的现实意义。因此,本案例从浙江省制造业集聚入手,利用相关统计数据实证研究浙江省产业外部性对地区经济转型发展的作用效果,并分析可能的原因,进一步提出促进浙江省转型发展的相关政策建议。

(二)实证分析

1.模型设定

为分析产业外部性与地区经济转型发展的关系,结合前述机理分析,可采用下列隐函数模型:

$$TDI_{it}(PROD_{it}, STRU_{it}) = A_{it} \times f(FDI, GOV, EDU)$$

$$A_{it} = f(RZI, RDI)$$

其中,A_{it}表示技术水平,由专业化指数RZI(MAR外部性)和多样化指数RDI(Jacobs外部性)决定。TDI_{it}表示地区经济转型发展指数,主要由两部分构成,经济绩效指标($PROD_{it}$)和结构调整指标($STRU_{it}$),受技术水平A_{it}、外商直接投资水平FDI、政府干预程度GOV和人力资本水平EDU共同作用。将技术水平函数代入经济转型发展函数中,考虑到模型中变量可能会出现多重共线性和异方差性,故将模型对数化处理。同时,根据相关文献研究,假设MAR外部性对地区经济转型发展的影响是非线性的,在模型中加入专业化指数RZI的平方项,最终得到以下两个模型:

$$LnTDI_{it}(PROD_{it}) = \alpha_1 LnRZI_{it} + \alpha_2 (LnRZI)^2 + \beta LnRDI_{it} + \gamma LnFDI_{it}$$

$$+\delta LnGOV_{it} + \varepsilon LnEDU_{it} + \mu_{it} \quad （3）$$

$$LnTDI_{it}(STRU_{it}) = \alpha_1 LnRZI_{it} + \alpha_2 (LnRZI)^2 + \beta LnRDI_{it} + \gamma LnFDI_{it}$$

$$+\delta LnGOV_{it} + \varepsilon LnEDU_{it} + \mu_{it} \quad （4）$$

其中,i表示城市,t表示时期,PROD为衡量经济绩效的指标,表示该地区的经济绩效提升情况,STRU为衡量产业结构优化的指标,表示该地区的产业结构调整情况。模型中加入专业化指数的平方项$(LnRZI)^2$则是为了验证前面非线性假定,α_1符号不确定。加入的RDI_{it}代表产业的多样化水平,预期β

符号为正。将外商直接投资水平FDI、政府干预程度GOV和人力资本水平EDU作为控制变量加入,μ_{it}为随机扰动项。

2.变量说明和数据来源

(1)被解释变量。

根据前文理论分析,地区经济转型发展的内涵中包括经济绩效提升和经济结构优化两层含义,故这里选用经济绩效指标PROD和结构调整指标STRU,作为被解释变量地区经济转型发展指数TDI的两个组成部分,分别用来衡量地区经济绩效和结构优化的程度。经济绩效指标PROD选取GDP增长率、人均GDP、全员劳动生产率(=工业增加值/全部从业人员平均人数)、固定资产投资率(=固定资产投资额/当期GDP)、工业产值利税率(=利税总额/工业总产值)五个二级指标构建其指标体系。对于结构调整指标STRU,传统方法选用第二、三产业产值的比重或第三产业从业人数占总就业人数的比重。本研究认为,产业结构调整带来的生产要素流动对创新产生影响,而创新形成的超额利润引导生产资料向优势行业倾斜,进而引起产业结构新的调整(王鹏和赵捷,2011),两者具有很强的关联。因此,产业结构调整指标可用创新能力水平代替,具体而言,选取科技企业数、科技经费投入、发明专利数三个二级指标构建其指标体系。由于不同的经济指标其作用大小不同,为保证分析结果的科学合理性,故采用客观的熵值法确定各个指标的权重大小。

在构建指标体系的基础上,地区经济转型发展指数TDI(Transition Development Index)从动态上反映了一个地区的经济转型发展状况,其模型构建如下:

$$TDI(PROD,STRU) = \sum_{i=1}^{10} W_i Y_i$$

其中,W_i为每个指标对应的权重,Y_i为所有的二级指标标准化后的数据。TDI指数越高,说明该地区经济绩效越好、经济结构优化程度越高。由以上模型分别得到经济绩效下的TDI(PROD)和结构调整下的TDI(STRU),具体如表4-10、表4-11所示。

表4-10　2005—2016年浙江省经济转型发展指数TDI（PROD）

年份	GDP增长率	人均GDP	全员劳动生产率	固定资产投资率	工业产值利税率	TDI指数
2005	0.078375	0.090049	0.083033	0.082938	0.085942	0.420337
2006	0.084190	0.101786	0.113782	0.081372	0.089401	0.470532
2007	0.088491	0.117175	0.125037	0.078403	0.093020	0.502126
2008	0.064513	0.130454	0.100184	0.077919	0.080840	0.453910
2009	0.058556	0.137289	0.009600	0.080124	0.084625	0.370194
2010	0.073693	0.159098	0.147146	0.078540	0.110691	0.569168
2011	0.059045	0.179738	0.133442	0.080541	0.101012	0.553778
2012	0.054295	0.191036	0.039979	0.087002	0.088069	0.460381
2013	0.055210	0.205295	0.069359	0.092430	0.094030	0.516325
2014	0.052615	0.216551	0.069592	0.099450	0.093349	0.531557
2015	0.054295	0.228969	0.039191	0.080239	0.330697	0.733391
2016	0.052316	0.248384	0.107828	0.105166	0.165578	0.679273

表4-11　2005—2016年浙江省经济转型发展指数TDI（STRU）

年份	科技企业数	科技经费投入	授权发明专利数	TDI指数
2005	0.090220	0.089916	0.089410	0.269545
2006	0.112665	0.120764	0.113795	0.347225
2007	0.131791	0.152006	0.174715	0.458513
2008	0.152563	0.181332	0.254601	0.588497
2009	0.151278	0.207160	0.369132	0.727570
2010	0.176105	0.252843	0.484101	0.913050
2011	0.176949	0.308613	0.676213	1.161775
2012	0.193688	0.359310	0.836278	1.389276
2013	0.211761	0.402595	0.814405	1.428761
2014	0.229519	0.443687	0.966110	1.639316
2015	0.245308	0.490285	1.628245	2.363833
2016	0.254460	0.543920	1.841368	2.639748

注：统计结果根据2006—2017年《浙江省统计年鉴》整理计算得出。

（2）解释变量。

根据相关文献的度量方法,分别采用产业专业化指数和产业多样化指数来衡量MAR外部性和Jacobs外部性。专业化指数(衡量MAR外部性水平),有绝对衡量指标和相对衡量指标之分,这里为了更加客观、合理地反映浙江省产业专业化的外部性(MAR外部性),选用了相对衡量指标RZI,其公式表示为 $RZI_i = Max_j(S_{ji}/S_i)$,其中,S_{ji}表示i城市中j产业的就业人数占该城市总就业人数的比重,而S_i为所有j产业的就业人数占全部城市就业人数的比重。产业多样化指数(衡量Jacobs外部性)选用与产业专业化指数相一致的RDI,其公式表示为 $RDI_i = 1/\sum \left| S_{ji} - S_i \right|$,这里的S_{ji}和S_i同上。

（3）控制变量。

考虑到一个地区的经济转型发展还有可能受其他因素的影响,如外商投资、政府干预、人才数量等会影响到一个地区的经济绩效提升和产业结构调整,所以选取外商直接投资水平FDI、政府干预程度GOV和人力资本水平EDU三个变量作为控制变量。对于外商直接投资水平FDI,基于数据的可获得性和遵从文献的一致性,这里采用年度实际利用外商投资额占GDP的比重来衡量,各年度实际利用外商直接投资金额以各年度人民币对美元年平均汇价(中间价)进行折算,并按照GDP指数(以2005年为基期)进行平滑调整。对于政府干预程度GOV,这里使用工业商业等事务支出占GDP的比重来反映政府干预程度。关于人力资本水平EDU,这里采用年末单位就业人员中专业技术人员占比与平均每万人中在校大学生比率的加权平均作为代理变量。

（4）数据来源和处理。

基于数据的可得性,本研究选取浙江省制造业2005—2016年的统计数据作为经济研究样本。相关数据均来自《中国统计年鉴》(2006—2017)、《浙江省统计年鉴》(2006—2017)。计量分析使用的软件为Eviews8.0。

采用定基指数法,以浙江省2005年的发展水平为基期,并用2005—2017年每个指标的实际值X_i与基期值X_{2005}比较,这样就得出标准化值Y_i。具体公式如下:

正指标的处理：$Y_i = \dfrac{X_i}{X_{2005}}$

逆指标或中间指标的处理：$Y_i = \dfrac{X_{2005}}{X_i}$

注：按照国际标准，这里除了固定资产投资率为中间指标，其他指标均为正指标。

3.模型检验与分析

(1)产业外部性与地区经济绩效。

为了验证MAR外部性、Jacobs外部性与地区经济绩效的关系，本研究在模型(3)的基础上做了四种不同情况的回归分析，回归结果如表4-12所示。在①基础上，依次加入MAR外部性的平方项$(LnRZI_{it})^2$、Jacobs外部性的平方项$(LnRDI_{it})^2$以及同时加入二者，形成②③④，如表4-12所示。

表4-12　浙江省MAR外部性、Jacobs外部性与地区经济绩效的回归估计结果

解释变量	被解释变量LnTDI(PROD)			
	①	②	③	④
LnRZI	−0.238(−0.216)	5.365(0.240)	−0.614(−1.251)	−15.625(−1.930)
$(LnRZI)^2$		−1.486(−0.251)		3.967(1.856)
LnRDI	−0.475(0.183)	0.277(0.094)	−103.220***(−5.064)	−116.040***(−6.420)
$(LnRDI)^2$			46.546***(5.095)	52.537***(6.445)
LnFDI	0.164(0.413)	0.164(0.379)	0.600**(3.080)	0.657**(4.042)
LnGOV	0.589*(1.933)	0.607(1.789)	0.454**(3.322)	0.389**(3.317)
LnEDU	−0.536(−0.308)	−0.041(−0.015)	−1.056(−1.368)	−2.445**(−2.495)
常数项	2.176(0.257)	−1.876(−0.101)	61.718***(5.031)	80.201***(5.669)
R^2	0.660	0.665	0.945	0.971
F	2.334	1.652	14.365***	18.829***

注：变量括号内为t值，*、**、***分别表示在10%、5%和1%的水平上显著。

从四种回归分析的检验结果来看，仅有第三、四次的可决系数R^2大于0.8，经观察可知RZI的P值过高，缺乏显著的统计学意义，故删除该相关变量重新进行回归。修正后的回归结果如表4-13所示。

表4-13　浙江省修正后的外部性与地区经济绩效的回归估计结果

被解释变量LnTDI（PROD）			
LnRDI	$(LnRDI)^2$	LnFDI	LnGOV
−98.072***（−4.697）	44.828***（4.745）	0.456**（2.715）	0.482**（3.412）
LnEDU	常数项	R^2	F
−1.660**（−2.635）	55.202***（4.752）	0.928	15.469***

注：变量括号内为t值，*、**、***分别表示在10%、5%和1%的水平上显著。

修正后的模型可决系数R^2为0.928，表明该模型的拟合效果较优，各变量在统计学意义上显著，符合经济学意义。MAR外部性在回归分析中用RZI（专业化指数）来衡量，经过模型修正删掉RZI，说明MAR外部性对浙江省经济绩效影响有限，其实际效果并不显著。Jacobs外部性在模型中用RDI（多样化指标）来衡量，检验结果显示，RDI系数在1%的水平上显著。修正后的模型在对比后，仍然加入Jacobs外部性的衡量指标RDI的二次项，且RDI的系数与RDI的平方项系数的正负相反，说明Jacobs外部性对经济绩效的影响是非线性的，这与金春雨等（2015）的研究结论相符，即随着经济发展水平的提高，多样化集聚产生的外部性由显著的负向影响转为显著的正向影响。

外商直接投资水平FDI的系数为正，说明外商直接投资水平对于经济绩效是有利的，但系数值不高，表明其作用一般。政府干预程度GOV的系数也为正，表明政府在提升经济绩效方面产生正效应，且作用效果一般。人力资本水平EDU的回归分析结果显示，其系数项为负，且通过显著性检验，由此可知人力资本水平对于地区经济绩效提升发挥着微弱的阻碍作用。

（2）产业外部性与地区产业结构调整。

在模型（4）的基础上依次加入MAR外部性的平方项$(LnRZI_{it})^2$、Jacobs外部性的平方项$(LnRDI_{it})^2$以及同时加入二者，形成⑤⑥⑦⑧，如表4-14所示。

表4-14　浙江省MAR外部性、Jacobs外部性与地区产业结构调整的回归估计结果

解释变量	被解释变量LnTDI（STRU）			
	⑤	⑥	⑦	⑧
LnRZI	0.627（0.437）	26.984（1.007）	0.145（0.211）	3.735（0.243）
$(LnRZI)^2$		−6.988（−0.985）		−0.949（−0.234）

解释变量	被解释变量LnTDI（STRU）			
	⑤	⑥	⑦	⑧
LnRDI	5.275(1.560)	4.347(1.235)	−127.557***(−4.467)	−124.49**(−3.628)
（LnRDI）²			59.625***(4.659)	58.192**(3.760)
LnFDI	−1.919*(−3.708)	−1.920**(−3.702)	−1.360***(−4.981)	−1.373**(−4.449)
LnGOV	0.400(1.009)	0.484(1.191)	0.228(1.188)	0.243(1.091)
LnEDU	−1.593(−0.705)	0.736(0.225)	−2.259(−2.089)	−1.927(−1.036)
常数项	−20.022(−1.816)	−39.081(−1.754)	56.251**(3.273)	51.831(1.929)
R²	0.961	0.967	0.993	0.993
F	29.448***	24.578***	112.829***	78.434***

注：变量括号内为 t 值，*、**、***分别表示在10%、5%和1%的水平上显著。

四种回归分析的检验结果显示，虽然四种情况可决系数 R^2 均大于0.96，拟合效果较优，但是各变量不够显著，仅RDI和FDI在5%水平上依旧显著，故删除P值过大的相关变量，重新进行回归。修正后的回归结果如表4-15所示。

表4-15　浙江省修正后的外部性与地区经济绩效的回归估计结果

被解释变量LnTDI（PROD）			
LnRDI	（LnRDI）²	LnFDI	LnGOV
−128.776***(−5.021)	60.031***(5.174)	−1.311***(−6.183)	0.221(1.275)
LnEDU	常数项	R²	F
−2.116**(−2.735)	57.794***(4.051)	0.993	161.023***

注：变量括号内为 t 值，*、**、***分别表示在10%、5%和1%的水平上显著。

回归结果表明，各变量显著性多在1%水平，修正后的模型拟合优度为0.993，同时符合统计学意义和经济学意义。而MAR外部性对地区产业结构调整影响有限，删除RZI变量后模型得到优化。对于Jacobs外部性，模型检验结果显示，RDI项系数与RDI平方项系数正负相反，说明Jacobs外部性对产业结构调整的作用是非线性的，这与Neffke et al.(2011)的研究结果相符，即在产业周期的不同阶段，Jacobs外部性对产业的影响是不同的。

外商直接投资水平FDI的系数均为负,说明外商直接投资水平对产业结构调整产生负面影响,但作用效果较小,这与孙权(2016)的研究结果相符。政府干预程度GOV的系数项为正,表明政府干预在产业结构调整的过程中发挥促进作用。但值得注意的是,政府干预程度的显著性水平不突出,对地区产业结构调整的影响不够强。而人力资本水平EDU的回归分析系数为负,说明人力资本对产业结构调整存在一定的阻碍作用。

(三)研究结论与政策建议

1.研究结论

(1)MAR外部性对地区经济转型发展的影响不显著,可能的原因一是浙江省产业集群中很多是劳动密集型产业,且大量同质的中小企业间存在过度甚至恶性竞争,受外界环境的影响大,对地区经济绩效的影响呈波动状态;二是企业的资本和技术投入不足,导致在研发、设计、品牌等环节较弱,不利于地区经济绩效的提升和产业结构的优化。在这样的扰动下,整体没有表现出明显的MAR外部性正向影响。

(2)Jacobs外部性对经济绩效的影响是非线性的。随着经济发展水平的提高,由显著的负向影响转为显著的正向影响,对产业结构的影响在产业周期的不同阶段不同。可能的原因是:其专业化产业模式使城市产业演变成一种"刚性结构",制造业多集聚在劳动密集型和低附加值产业上,企业同质性强,导致了产业结构调整难度大。同时,浙江省一些制造业集群发展比较成熟,生产过程的标准化和机械化使得产业间的技术外溢不足,生产性服务业和高新技术产业与之协同发展不足,产业难以创新,不利于经济绩效的提升。

(3)外商直接投资水平有利于浙江省的经济绩效提升,但不利于产业结构调整。可能的原因是:一方面,外商直接投资可以为地区带来先进的生产技术和管理经验,产生人力资本流动和知识溢出效应,提高企业的生产效率,为地区经济绩效提升带来动力。另一方面,随着国外投资的大量涌入,利用外资的规模不断扩大,缺乏合理有效的外资政策进行规制,阻碍产业向"高级化"和"生产性服务化"等方向转变。

(4)政府干预有力地促进浙江省经济绩效提升和产业结构调整。改革开放以来,浙江省经济的飞速发展,离不开政策的支撑和引导。每一次规划的调整,都是根据国内外发展趋势并结合自身情况提出的。如近年来为实现浙江省经济的转型发展,政府实施的"腾笼换鸟"等产业结构调整政策,主动淘汰落后产业,有效促进产业结构的优化升级。

(5)人力资本在地区经济绩效提升和产业结构调整中发挥着负向效应。可能的原因是:浙江的劳动密集型产业更多依靠物质资本和综合要素生产率,在人力资本发展的过程中,与岗位设置可能发生暂时性的失衡,出现不匹配现象。随着产业升级工作的进一步推进,企业对创新更加重视,人力资本能够发挥出更多的潜力。人力资本将在经济绩效提升和产业结构调整上发挥充分的作用。

2.政策建议

(1)加大资本技术投入,营造良性竞争环境。一方面,政府应给予中小企业政策性优惠,减少中小企业的生产成本和税收负担,鼓励企业将节约的成本和盈余资本投入到生产研发中,通过产学研结合,形成本企业的研发、设计中心,进行核心技术创新,提高生产效率,提升产品的科技含量。另一方面,企业自身也应重视资本和技术的投入,创新产品流程和工艺,延长产业链,增加产品附加值,实现由低成本制造业企业向创新型企业转变,形成自身的竞争优势,在良性竞争的环境里共同发展。如在杭州湾地区,积极推动技术和产品升级,实现纺织、服装等行业向国际性产业集聚转型。

(2)调整优化产业结构,加强企业间协同创新。以生产性服务业为主导进行产业结构调整,大力引进高端制造业和发展现代服务业,尤其强化发展电子商务、数字传媒等具有创新性、高附加值的现代服务业,推进浙江省由县域经济向都市区经济转型。同时,鼓励集群内企业加强信息交流与技术合作,在相互学习中,共同促进和发展,强化技术外溢效用,发挥产业多样化带来的正效应。

(3)完善外商投资政策,增强外资吸引力。完善现有的外资政策,创新引资方式,将高新技术产业和新兴产业作为外资注入的重点领域,为信息技术、生物科技等领域注入资金。结合浙江省自身情况,合理引导外资投资方向,避免盲目、重复引资,提高外资利用率。同时,吸引外资与保护环境相结合,通过对政务、人文、法制、商住等环境的优化,为外商直接投资提供良好的投资环境,提高对外资的吸引力。

(4)加强政府服务型职能,实现经济可持续发展。市场经济中,在市场起决定性作用的前提下,转变政府职能,推进行政管理体制改革,积极发挥政府作用,建设服务型政府,加强制度建设和改革创新,尤其是在金融体系中,借助温州金融综合改革试验区设立的契机,规范引导民间资本流入到金融体系中,为现代服务业和高新技术产业中的中小企业发展提供资金支持。同时,在经济"新常态"的背景下,注意经济发展与环境保护相结合,同时留住"金山银山"和"绿水青山",实现经济可持续发展。

(5)积极引进培育高层次复合型人才,构建适应经济转型发展的人力资本体系。浙江省的经济发展需要人力资本来支撑,但从浙江省高校建设上来看,人才资源不足,造成经济发展的短板。一方面,运用"人才+项目+资金"模式,积极引进适应浙江省产业结构优化升级的创新创业人才,大力建设本地区的高层次复合型人才队伍。另一方面,加快人才集聚平台的建设,建立完善经济转型发展中人力资本配置政策,为人力资本服务提供制度保障。

二、湖北案例

(一)湖北省产业集群现状

湖北省拥有中部地区重要的交通枢纽,也是我国重要的工业基地。工业门类齐全,产业基础雄厚,已形成以汽车装备制造、食品加工、石化精炼、建材加工等为主导的产业集群,并借助长江经济带的发展优势,在光电信息产业、智能制造产业、生物医药、新材料等高新技术产业上规模逐渐增长。2017年,湖北省级重点成长型产业集群增至103个,大致集中在武汉城市圈周边、各省地级开发区及部分特色县域。在光电信息产业集群方面,武汉东湖高新区已凸显出较强的国际竞争力和影响力,国际性光电信息产业基地建设初具规模,专利申请数量、技术创新能力、企业资金集聚等指标排名靠前。横向上看,武汉东湖高新区有望与中部城市长沙、南昌的光电信息产业联动发展,实现产业链重构。在智能制造业方面,湖北省具有良好的工业基础,拥有"武钢""武船"等一批传统制造业企业,技术储备雄厚。在工业4.0和互联网+的背景下,湖北省传统制造业向先进制造业转型,将进一步开拓市场,逐渐成为产业集群新的主导力量。同时,湖北省在生物医药产业具备强大的研发能力,拥有合理的产业布局和集群规模。湖北省拥有一大批著名的高等院校和医疗机构,同时以武汉光谷生物城为中心,以天门、黄石等周边地级市为支点,建立起较为完善的上下游产业链。新兴产业集群正在为湖北省经济发展和产业结构调整提供重要的动力。

但是,湖北省产业集群发展仍然存在一些不足。一是整体竞争力还有待加强,基础优势未完全发挥。湖北省经济发展依靠要素驱动的比重较大,循环经济的要求对高耗能企业转型提出新的要求,低层次工业危机凸显,产学研体系衔接不畅。二是整体产业结构存在失衡。湖北省工业经济对整体经济增长的贡献率有限,推动作用不够明显。在中部承接产业转移方面,未表现出明显的优势。三是产业集群不够强势。湖北省产业集群在质量和数量方面,都和东部省份存在差距,产业集群发展层次偏低。新兴产业的强势引进与价值链低端的现状还需协调,产业配套不够紧密,专业分工与协作关系未达成共识。因此,利用相关数据测度湖北省产业集聚的外部性,对其地区经济发展和产业结构转型具有重要意义。

(二)实证分析

1.模型设定

为分析产业外部性与地区经济转型发展的关系,结合前述机理分析可采用下列隐函数模型:

$$TDI_{it}(PROD_{it}, STRU_{it}) = A_{it} \times f(FDI, GOV, EDU)$$

$$A_{it} = f(RZI, RDI)$$

其中,A_{it}表示技术水平,由专业化指数 RZI(MAR 外部性)和多样化指数 RDI(Jacobs 外部性)决定。TDI_{it}表示地区经济转型发展指数,主要由经济绩效指标($PROD_{it}$)和结构调整指标($STRU_{it}$)两部分构成,受技术水平 A_{it}、外商直接投资水平 FDI、政府干预程度 GOV 和人力资本水平 EDU 共同作用。据此构建模型如下:

$$LnTDI_{it}(PROD_{it}) = \alpha_1 LnRZI_{it} + \alpha_2 (LnRZI)^2 + \beta LnRDI_{it} + \gamma LnFDI_{it}$$
$$+ \delta LnGOV_{it} + \varepsilon LnEDU_{it} + \mu_{it} \quad (5)$$

$$LnTDI_{it}(STRU_{it}) = \alpha_1 LnRZI_{it} + \alpha_2(LnRZI)^2 + \beta LnRDI_{it} + \gamma LnFDI_{it}$$

$$+ \delta LnGOV_{it} + \varepsilon LnEDU_{it} + \mu_{it} \quad (6)$$

其中,i 表示城市,t 表示时期,PROD 为衡量经济绩效的指标,表示该地区的经济绩效提升情况,STRU 为衡量产业结构优化的指标,表示该地区的产业结构调整情况,α 符号不确定。加入的 RDI_{it} 代表产业的多样化水平,预期 β 符号为正。将 FDI(外商直接投资水平)、GOV(政府干预程度)和 EDU(人力资本水平)作为控制变量加入,μ_{it} 为随机扰动项。

2. 变量说明和数据来源

(1)被解释变量。

根据前文理论分析,地区经济转型发展的内涵中包括经济绩效提升和经济结构优化两层含义,故这里选用经济绩效指标 PROD 和结构调整指标 STRU,作为被解释变量地区经济转型发展指数 TDI 的两个组成部分,分别用来衡量地区经济绩效和结构优化的程度。经济绩效指标 PROD 选取 GDP 增长率、人均 GDP、全员劳动生产率(=工业增加值/全部从业人员平均人数)、固定资产投资率(=固定资产投资额/当期 GDP)、工业产值利税率(=利税总额/工业总产值)五个二级指标构建其指标体系。结构调整指标 STRU 选取科技企业数、科技经费投入、发明专利数三个二级指标构建其指标体系。由于不同的经济指标其作用大小不同,为保证分析结果的科学合理性,故这里采用客观的熵值法确定各个指标的权重大小。

在构建指标体系的基础上,地区经济转型发展指数 TDI(Transition Development Index)是从动态上反映一个地区的经济转型发展状况,其模型构建如下:

$$TDI(PROD,STRU) = \sum_{i=1}^{10} W_i Y_i$$

其中,W_i 为每个指标对应的权重,Y_i 为所有的二级指标标准化后的数据。TDI 指数越高,说明该地区经济绩效越好、经济结构优化程度越高。由以上模型分别得到经济绩效下的 TDI(PROD)和结构调整下的 TDI(STRU),具体如表4-16、表4-17所示。

表 4-16　2005—2016 年湖北省经济转型发展指数 TDI(PROD)

年份	GDP增长率	人均GDP	全员劳动生产率	固定资产投资率	工业产值利税率	TDI指数
2005	0.0618	0.1580	0.090	0.1522	0.0847	0.4453
2006	0.0670	0.1685	0.1721	0.1662	0.1652	0.7390
2007	0.0591	0.1776	0.1876	0.1590	0.0799	0.6632
2008	0.0658	0.1883	0.2110	0.1525	0.0776	0.6952
2009	0.0652	0.1947	0.2185	0.1320	0.0584	0.6688
2010	0.0580	0.2011	0.2256	0.1256	0.0488	0.6591
2011	0.0635	0.2015	0.2252	0.1282	0.1235	0.7419
2012	0.0785	0.1981	0.2237	0.1160	0.1329	0.7491
2013	0.0863	0.1927	0.2230	0.1023	0.1459	0.7502
2014	0.0891	0.1858	0.2184	0.0921	0.1015	0.6868
2015	0.0953	0.1795	0.2120	0.0828	0.1074	0.6770
2016	0.1058	0.1711	0.1977	0.0920	0.1148	0.6814

表 4-17　2005—2016 年湖北省经济转型发展指数 TDI(STRU)

年份	科技企业数	科技经费投入	发明专利数	TDI(STRU)
2005	0.1256	0.1173	0.1233	0.2538
2006	0.1616	0.1616	0.1654	0.4886
2007	0.2795	0.1739	0.2049	0.6583
2008	0.7023	0.1971	0.2376	1.1371
2009	0.8203	0.2226	0.2819	1.3247
2010	0.9216	0.2121	0.3370	1.4707
2011	1.0197	0.2638	0.3460	1.6295
2012	1.1415	0.2639	0.3606	1.7660
2013	1.1937	0.2583	0.3602	1.8123
2014	1.2226	0.2481	0.3539	1.8246
2015	1.2170	0.2382	0.3355	1.7906
2016	1.0392	0.2304	0.3247	1.5943

（2）解释变量。

根据相关文献的度量方法,分别采用产业专业化指数和产业多样化指数来衡量 MAR 外部性和 Jacobs 外部性。专业化指数（衡量 MAR 外部性水平）,有绝对衡量指标和相对衡量指标之分,这里为了更加客观、合理地反映湖北省产业专业化的外部性（MAR 外部性）,选用了相对衡量指标 RZI,其公式表示为 $RZI_i = Max_j(S_{ji}/S_i)$,其中,$S_{ji}$ 表示 i 城市中 j 产业的就业人数占该城市总就业人数的比重,而 S_i 为所有 j 产业的就业人数占全部城市就业人数的比重。产业多样化指数（衡量 Jacobs 外部性）选用与产业专业化指数相一致的 RDI,其公式表示为 $RDI_i = 1/\sum |S_{ji} - S_i|$,这里的 S_{ji} 和 S_i 同上。

（3）控制变量。

考虑到一个地区的经济转型发展还有可能受其他因素的影响,如外商投资、政府干预、人才数量等会影响到一个地区的经济绩效提升和产业结构调整,所以选取外商直接投资水平 FDI、政府干预程度 GOV 和人力资本水平 EDU 三个变量作为控制变量。对于外商直接投资水平 FDI,基于数据的可获得性和遵从文献的一致性,这里采用年度实际利用外商投资额占 GDP 的比重来衡量,各年度实际利用外商直接投资金额以各年度人民币对美元年平均汇价（中间价）进行折算,并按照 GDP 指数（以 2005 年为基期）进行平滑调整。对于政府干预程度 GOV,本研究使用工业商业等事务支出占 GDP 的比重来反映政府干预程度。关于人力资本水平 EDU,考虑到统计年鉴数据的完整性,这里采用普通高校在校学生占就业人数比例与职业技术院校在校学生占就业人数比例的加权平均作为代理变量。

（4）数据来源和处理。

基于数据的可得性,本研究选取广西壮族自治区 2005—2016 年的统计数据作为经济研究样本。相关数据均来自《中国统计年鉴》（2006—2017）、《湖北统计年鉴》（2006—2017）。计量分析使用的软件为 Eviews8.0。采用定基指数法,以湖北省 2005 年的发展水平为基期,并用 2005—2017 年每个指标的实际值 X_i 与基期值 X_{2005} 比较,这样就得出标准化值 Y_i。具体公式如下:

正指标的处理：$Y_i = \dfrac{X_i}{X_{2005}}$

逆指标或中间指标的处理：$Y_i = \dfrac{X_{2005}}{X_i}$

注：按照国际标准，这里除了固定资产投资率为中间指标，其他指标均为正指标。

3.模型检验与分析

(1)产业外部性与地区经济绩效提升。

为了验证MAR外部性、Jacobs外部性与地区经济绩效的关系，本研究在模型(5)的基础上做了四种不同情况的回归分析，回归结果如表4-18所示。在①基础上，依次加入MAR外部性的平方项$(\text{LnRZI}_{it})^2$、Jacobs外部性的平方项$(\text{LnRDI}_{it})^2$以及同时加入二者，形成②③④，如表4-18所示。

表4-18　湖北省MAR外部性、Jacobs外部性与地区经济绩效的回归估计结果

解释变量	被解释变量LnTDI(PROD)			
	①	②	③	④
LnRZI	0.4182(0.479)	17.004(2.476)	0.573(0.532)	17.338(2.279)
$(\text{LnRZI})^2$		−6.408(2.476)		−6.466(−2.216)
LnRDI	1.8719(1.028)	3.058(−2.425)	26.449***(0.345)	32.159***(0.589)
$(\text{LnRDI})^2$			−6.501***(−0.321)	−7.695***(6.445)
LnFDI	0.057(0.413)	0.490(1.827)	0.159**(0.358)	0.616**(4.042)
LnGOV	−0.159*(−1.258)	−0.077(−0.807)	−0.170**(1.183)	−0.089**(3.317)
LnEDU	1.039(−0.735)	0.499(0.419)	−1.344(−0.735)	0.151**(0.103)
常数项	−8.791(−0.881)	−16.758(−2.143)	−33.522***(−0.431)	−46.104***(−0.829)
R^2	0.583	0.826	0.515	0.864
F	1.934	2.519	14.365***	1.813***

注：变量括号内为t值，*、**、***分别表示在10%、5%和1%的水平上显著。

四种回归分析的检验结果显示，仅有②④的可决系数R^2大于0.8，说明同时加入RDI和RZI的平方项较为合理，符合统计学意义。由④可知，RDI和RZI的系数均为正，RDI和RZI的平方项系数均为负，故认为MAR外部性和Jacobs外部性均对湖北省经济发展水平有影响，且影响均是非线性的。而

且,MAR外部性对湖北省经济增长的作用力弱于Jacobs外部性。

在四种回归分析中,外商直接投资水平FDI的系数均为正,且在④中达到5%显著水平,说明外商直接投资有利于湖北省经济增长,但作用效果较强。政府干预程度GOV的系数均为负,t值在5%水平上显著,说明政府干预对湖北省经济增长产生较为明显的负面影响,但对经济绩效提升的整体影响力度不大。人力资本水平EDU的系数多为正,且④中能够在5%水平上显著,验证人力资本水平对经济发展的正向作用,但作用力度不大。

(2)产业外部性与地区产业结构调整。

在模型(6)的基础上依次加入MAR外部性的平方项$(LnRZI_{it})^2$、Jacobs外部性的平方项$(LnRDI_{it})^2$以及同时加入二者,形成⑤⑥⑦⑧,如表4-19所示。

表4-19 湖北省MAR外部性、Jacobs外部性与地区产业结构调整的回归估计结果

解释变量	被解释变量LnTDI(STRU)			
	⑤	⑥	⑦	⑧
LnRZI	0.166(0.350)	1.930(0.333)	0.073(0.125)	12.416(0.257)
$(LnRZI)^2$		−0.682(−0.306)		−0.653(−0.258)
LnRDI	−0.211(−0.213)	−0.337(0.289)	−14.596***(−0.352)	−14.020(−0.296)
$(LnRDI)^2$			3.917***(0.358)	3.796**(0.303)
LnFDI	−1.230*(−8.052)	−1.184**(−5.232)	−1.292***(−5.351)	−1.245**(−3.790)
LnGOV	0.941(13.732)	0.949(11.746)	0.948(12.188)	0.243(1.091)
LnEDU	−2.101(−2.737)	−1.937(−1.932)	−1.917(−1.939)	−1.766(−1.388)
常数项	−12.13(−0.224)	−2.060(−0.313)	13.687**(0.325)	12.416(0.257)
R^2	0.972	0.978	0.993	0.998
F	524.04***	24.578***	112.829***	78.434***

注:变量括号内为t值,*、**、***分别表示在10%、5%和1%的水平上显著。

对于MAR外部性,检验结果显示,⑤中RZI的系数为0.166,且最终可决系数R^2为0.972,加入RZI的平方项后,⑥⑧可决系数继续提升,说明该项加入合理。四个模型的检验结果显示,MAR外部性对产业结构调整有正向影响,且RZI的系数与RZI的平方项系数正负相反,故认为MAR外部性对地区产业结构调整的影响是非线性的。对于Jacobs外部性,检验结果显示,⑤⑥

中RDI的系数项的t值显著性水平并未达到10%，但在加入RDI平方项后，⑦⑧中RDI项系数增大，显然该项的加入合理。最终的模型检验结果显示，Jacobs外部性对产业结构调整有阻碍作用，但阻碍作用并不明显。

在⑤⑥⑦⑧估计结果中，外商直接投资水平FDI的系数均为负，说明外商直接投资水平对于湖北省产业结构调整是不利的，且t值较为显著，说明外商直接投资对产业结构调整作用效果较为明显。政府干预程度GOV系数项的t值未达到10%的显著性水平，其系数项均为正，表明政府干预对产业结构提升的促进作用不够明显且作用微弱。关于人力资本水平EDU的回归分析，其系数也均为负，t值也均未达到10%的显著水平，可知人力资本水平对产业结构升级产生较弱的负向影响。

（三）研究结论与政策建议

1.研究结论

（1）MAR外部性对地区经济发展和产业结构调整的影响均不显著。可能的原因是湖北省整体产业层次偏低，产业基础与产业项目不相匹配，煤炭、石油等高耗能产业未能提供足够的支撑力。龙头企业带动能力不足，产业关联程度低，松散的产业联系致使产业集聚的MAR外部性未能有效展开。

（2）Jacobs外部性对地区经济发展具有明显的促进作用，但对产业结构调整存在微弱的阻碍作用。可能的原因是湖北省在钢铁、汽车等传统工业产业方面具有较大的优势，这些产业集群不仅能够整合自身资源，还能对周边产业产生一定的技术外溢，同时产业园区建设带来交通、渠道优势，也能拉动整体经济绩效提升。但是，以传统重工业产业集群为主的产业特征，也会产生地区依赖性，在地区转型发展与产业结构调整过程中，这种刚性结构会产生微弱的阻碍作用。

（3）外商直接投资FDI有利于湖北省的经济水平提升，但对其产业结构调整产生阻碍作用。随着中部地区承接东部地区产业转移，湖北省获得的外商直接投资也在不断增长，这些外来的资金与技术为湖北工业产业发展提供助力，促进了地区经济增长。但是，外商投资倾向于传统优势产业，进一步加大了产业结构调整的难度。

（4）政府干预程度GOV对湖北省经济增长和产业结构调整均产生微弱

的负向影响。可能的原因是地方政府在产业集群培育中强调主导作用,而产业集群的初期是自发而成,应以引导为主。行政手段偏向于对核心企业的扶持,服务体系建设、配套设施建设相对滞后,集聚经济受到制约。

(5)人力资本水平EDU有利于湖北省经济增长,但不利于湖北省产业结构调整。可能的原因是湖北省科教资源丰富,人力资本在经济发展过程中起到重要的支撑作用。但是,由于产学研体系衔接不够紧密,人力资源错配和结构性失衡现象较为明显,人力资本在产业结构调整中未能有效发挥作用。

2.政策建议

(1)要提升产业核心竞争力。湖北省已经确定包括光电信息产业、智能制造产业、生物医药产业等在内的产业集群发展方向,应该继续在资金、技术、人才等多个角度发力,鼓励企业间的重组与兼并,尽快整合相关产业链,促进核心竞争力提升。要注意产业集群的品牌建设,依托核心企业的技术储备优势与市场优势,引导下游产业特别是中小企业向品牌靠拢,树立配套产业的品牌竞争优势,共同打造整体区域品牌。

(2)加快产业链重组与配套。产业链的完善程度对产业集群的竞争力产生重要影响,完备的产业链将促使集聚经济做大做强。在提高产业规模的同时,也要注意延伸产业链长度,梳理配套产业间的分工协作网络,推动相关企业联合发展。打造以城市圈为重点的产业联合发展区,注意发挥引领作用与功能上的互补,强化技术创新能力与辐射力度。

(3)引导招商引资方向,优化产业服务体系。要形成本地企业与外来企业的良性互动,实现技术研发上的碰撞与创新,就要重视招商引资,注重引进项目与企业的质量。要围绕新型主导产业的发展思路,根据产业链的配套需求,进行有选择性地引进,使资本和技术向主导产业集中,充分发挥集群企业的示范与带动作用。另外,注意改善营商环境,摆脱过去依赖土地和税收的招商引资措施,打通政策梗阻,扶持公共服务平台建设,建立产业集群内部的担保和融资渠道,降低资金成本,提高交易效率。

(4)强化集群力量,促进生产、研发对接。一是要积极引导集群企业与本地优质的科研机构、高等院校合作,根据产品生产重难点进行集中攻关,以生产和应用为导向,加快研发成果的市场转化率,减少人力资源的错配现象,通过集群企业间的技术推广，带动整体集群力量提升。二是与国外同类产业集群建立联系，消化吸收其技术、管理模式上的优势，通过联合研发、技术交换等模式实现要素的自由流动与良性互动，强化产业集群的创新能力。

三、广西案例

（一）广西壮族自治区产业集群现状

广西是我国西部沿海的自治区。2017年实现地区生产总值20396.25亿元，经济增速为7.3%，经济发展潜力足，上升空间较大，广西壮族自治区产业集群（以下简称广西产业集群）大致依托北部湾经济区、西江经济带和桂西资源富集区三大区域形成。北部湾经济区由南宁、北海、钦州、防城港四市和玉林、崇左两个物流区组成，拥有沿海港口优势及丰富的油气、矿石、林业资源，并借助良好的港口条件和自然资源形成产业集聚形态。其中，钦州市以石化产业群、林浆纸产业群为主；南宁市以精细化工产业群、生物质产业群为主。西江经济带包括桂林、柳州、贵港、梧州、百色等市，西接云贵，东连粤港澳，承接珠三角地区的功能辐射，是南方重要的开发轴带和开放基地。柳州市是西江经济带龙头城市，也是西南工业重镇，汽车产业群、化工产业群初具规模。桂林市是著名的旅游城市，除旅游业外，汽配产业群、橡胶产业群、特色农林产品产业群发展态势均表现良好。梧州市是西江经济带中心城市，在钢铁冶炼、有色金属、船舶制造等方面产业实力较强。贵港市是华南最大的内河港口城市，拥有制糖、造纸等传统优势产业。西江经济带上达云贵等资源丰富的省份，下联经济发达的珠三角地区，有利于将北部湾经济区增长极作用扩散，发挥产业集聚优势。桂西资源富集区主要含崇左、河池、百色三市，矿石资源、林木资源储量大，产业集聚也以有色金属等资源型产业为主。

广西产业集群以工业园区为重要载体。据《中国开发区审核公告目录》2018版显示，广西共有65家开发区，其中工业园区占据绝大多数。在较为完善的配套基础设施和集聚作用下，工业园区的总产值占广西工业总产值的比例超过50%。以南宁高新技术产业开发区为例，园区主导产业为新一代信息技术、智能制造、生命健康三大产业，吸引相关规模以上企业131家，年产值超亿元的企业183家，规模效应明显。南宁六景工业园区、柳州阳和工业园区、梧州长洲工业园区等一批具有潜力的园区加快推进,有效促进产业集聚。

广西产业集群以发展支柱性产业为着力点。例如,在南宁市大力发展电子信息、设备制造等战略性产业,在柳州市聚合形成汽车制造产业群、工程机械产业群等。此类产业群上下游关联企业多、产业链长,本身又是资本密集型、技术密集型产业,能够依托科技进步与创新,散发较强的扩散效应。以柳州市为例,柳州市汽车产业起步较早,经过40余年的发展,成为柳州市第一大支柱性产业,汽车工业产值占当地工业产值超过1/3。同时,在整车企业的带动下,汽车零部件产业逐渐聚集并形成严密的分工,具备发动机、变速箱、钢圈、制冷压缩机、车身覆盖件等重要零部件的批量生产能力。当新能源汽车成为战略新兴产业之后,整车企业的投资又带动动力锂电池、电机、电控系统生产企业的入驻,整体产业前景广阔,为地区经济持续增长提供重要支撑。

广西产业集群在工业发展中贡献较大,但仍然面临转型的挑战。广西产业集群主要集中在传统产业,产业结构层次偏低,石油加工、汽车制造等产业的技术创新能力不够,技术密集度偏低。在消费升级的大背景下,食品加工等产业仍集中在产业链的中低端,属于粗加工,不能有效适应消费升级需求的变化。受到研发能力的制约,产业集群的竞争优势有限,整体产业规模大而不强,相较于支柱性企业,配套企业的规模、技术实力、制度环境等方面差距更大。产业集群内部的组织结构有待优化,专业性的地方分工网络还需完善。在不容乐观的现状之下,这些产业集聚的效应怎样、产业集聚外部性又是如何作用于地区转型发展的,都需要进行深入探讨。基于上述思考,这里以广西制造业为例,运用计量经济方法,研究产业集聚外部性对地区经济转型发展的影响,进一步分析其作用特征及原因,为地区经济转型发展提供切合实际的理论依据。

(二)实证分析

1.模型设定

为分析产业外部性与地区经济转型发展的关系,结合前述机理分析可采用下列隐函数模型:

$$TDI_{it}(PROD_{it}, STRU_{it}) = A_{it} \times f(FDI, GOV, EDU)$$

$$A_{it} = f(RZI, RDI)$$

其中，A_{it}表示技术水平，由专业化指数RZI（MAR外部性）和多样化指数RDI（Jacobs外部性）决定。TDI_{it}表示地区经济转型发展指数，主要由经济绩效指标（$PROD_{it}$）和结构调整指标（$STRU_{it}$）两部分构成，受技术水平A_{it}、外商直接投资水平FDI、政府干预程度GOV和人力资本水平EDU共同作用。据此构建模型如下：

$$LnTDI_{it}(PROD_{it}) = \alpha_1 LnRZI_{it} + \alpha_2 (LnRZI)^2 + \beta LnRDI_{it} + \gamma LnFDI_{it}$$

$$+ \delta LnGOV_{it} + \varepsilon LnEDU_{it} + \mu_{it} \quad （7）$$

$$LnTDI_{it}(STRU_{it}) = \alpha_1 LnRZI_{it} + \alpha_2 (LnRZI)^2 + \beta LnRDI_{it} + \gamma LnFDI_{it}$$

$$+ \delta LnGOV_{it} + \varepsilon LnEDU_{it} + \mu_{it} \quad （8）$$

其中，i表示城市，t表示时期，PROD为衡量经济绩效的指标，表示该地区的经济绩效提升情况，STRU为衡量产业结构优化的指标，表示该地区的产业结构调整情况，α符号不确定。加入的RDI_{it}代表产业的多样化水平，预期β符号为正。将外商直接投资水平FDI、政府干预程度GOV和人力资本水平EDU作为控制变量加入，μ_{it}为随机扰动项。

2.变量说明和数据来源

（1）被解释变量。

根据前文理论分析，地区经济转型发展的内涵中包括经济绩效提升和经济结构优化两层含义，故这里选用经济绩效指标PROD和结构调整指标STRU，作为被解释变量地区经济转型发展指数TDI的两个组成部分，分别用来衡量地区经济绩效和结构优化的程度。经济绩效指标PROD选取GDP增长率、人均GDP、全员劳动生产率（=工业增加值/全部从业人员平均人数）、固定资产投资率（=固定资产投资额/当期GDP）、工业产值利税率（=利税总额/工业总产值）五个二级指标构建其指标体系。结构调整指标STRU选取科技企业数、科技经费投入、发明专利数三个二级指标构建其指标体系。由于不同的经济指标其作用大小不同，为保证分析结果的科学合理性，故这里采用客观的熵值法确定各个指标的权重大小。

在构建指标体系的基础上，地区经济转型发展指数TDI（Transition Development Index）是从动态上反映一个地区的经济转型发展状况，其模型构建如下：

$$TDI(PROD, STRU) = \sum_{i=1}^{10} W_i Y_i$$

其中，W_i 为每个指标对应的权重，Y_i 为所有的二级指标标准化后的数据。TDI 指数越高，说明该地区经济绩效越好、经济结构优化程度越高。由以上模型分别得到经济绩效下的 TDI(PROD) 和结构调整下的 TDI(STRU)，具体如表4-20、表4-21所示。

表4-20 2005—2016年广西壮族自治区经济转型发展指数 TDI(PROD)

年份	GDP增长率	人均GDP	全员劳动生产率	固定资产投资率	工业产值利税率	TDI指数
2005	0.081840	0.098810	0.090194	0.089998	0.084799	0.445641
2006	0.095960	0.114433	0.159625	0.094451	0.087510	0.551978
2007	0.113193	0.136753	0.219349	0.100200	0.096385	0.665880
2008	0.102741	0.160847	0.256958	0.104856	0.065994	0.691397
2009	0.056530	0.174905	0.139880	0.136615	0.085057	0.592986
2010	0.115082	0.216112	0.416079	0.150325	0.114746	1.012344
2011	0.111168	0.265498	0.468962	0.157584	0.102682	1.105894
2012	0.059658	0.290617	0.317381	0.173826	0.104742	0.946224
2013	0.057764	0.317061	0.332022	0.150685	0.101925	0.959457
2014	0.046380	0.339241	0.339582	0.160100	0.101359	0.986663
2015	0.040115	0.358812	0.247714	0.173295	0.102404	0.922340
2016	0.046862	0.383967	0.294025	0.178668	0.099243	1.002764

表4-21 2005—2016年广西壮族自治区经济转型发展指数 TDI(STRU)

年份	科技企业数	科技经费投入	授权发明专利数	TDI指数
2005	0.084576	0.085953	0.08871	0.259239
2006	0.084143	0.069074	0.113406	0.266623
2007	0.097569	0.096037	0.238325	0.431932
2008	0.098435	0.060485	0.330631	0.489551
2009	0.10579	0.078913	0.750647	0.93535
2010	0.115315	0.103633	0.937891	1.156838

年份	科技企业数	科技经费投入	授权发明专利数	TDI指数
2011	0.140635	0.134764	0.898209	1.173608
2012	0.087609	0.158565	1.425307	1.671481
2013	0.095405	0.182026	1.757833	2.035264
2014	0.089775	0.188474	2.434102	2.712351
2015	0.075078	0.172266	3.333457	3.580801
2016	0.067745	0.184081	6.295296	6.547122

注：统计结果根据2006—2017年《广西统计年鉴》整理计算得出。

（2）解释变量。

根据相关文献的度量方法，分别采用产业专业化指数和产业多样化指数来衡量MAR外部性和Jacobs外部性。专业化指数（衡量MAR外部性水平），有绝对衡量指标和相对衡量指标之分，这里为了更加客观、合理地反映广西壮族自治区产业专业化的外部性（MAR外部性），选用相对衡量指标RZI，其公式表示为 $RZI_i = Max_j(S_{ji}/S_i)$，其中，$S_{ji}$表示i城市中j产业的就业人数占该城市总就业人数的比重，而S_i为所有j产业的就业人数占全部城市就业人数的比重。产业多样化指数（衡量Jacobs外部性）选用与产业专业化指数相一致的RDI，其公式表示为 $RDI_i = 1/\sum |S_{ji} - S_i|$，这里的$S_{ji}$和$S_i$同上。

（3）控制变量。

考虑到一个地区的经济转型发展还有可能受其他因素的影响，如外商投资、政府干预、人才数量等，这些会影响到一个地区的经济绩效提升和产业结构调整，所以选取外商直接投资水平FDI、政府干预程度GOV和人力资本水平EDU三个变量作为控制变量。对于外商直接投资水平FDI，基于数据的可获得性和遵从文献的一致性，这里采用年度实际利用外商投资额占GDP的比重来衡量，各年度实际利用外商直接投资金额以各年度人民币对美元年平均汇价（中间价）进行折算，并按照GDP指数（以2005年为基期）进行平滑调整。对于政府干预程度GOV，这里使用工业商业等事务支出占GDP的比重来反映政府干预程度。关于人力资本EDU，考虑到统计年鉴数据的完整性，这里采用普通高校在校学生占就业人数比例与职业技术院校在校学生占就业人数比例的加权平均作为代理变量。

（4）数据来源和处理。

基于数据的可得性，本研究选取广西壮族自治区2005—2016年的统计数据作为经济研究样本。相关数据均来自《中国统计年鉴》（2006—2017）、《广西统计年鉴》（2006—2017）。计量分析使用的软件为Eviews8.0。采用定基指数法，以广西壮族自治区2005年的发展水平为基期，并用2005-2017年每个指标的实际值X_i与基期值X_{2005}比较，这样就得出标准化值Y_i。具体公式如下：

正指标的处理：$Y_i = \dfrac{X_i}{X_{2005}}$

逆指标或中间指标的处理：$Y_i = \dfrac{X_{2005}}{X_i}$

注：按照国际标准，这里除了固定资产投资率为中间指标，其他指标均为正指标。

3.模型检验与分析

（1）产业外部性与地区经济绩效。

为了验证MAR外部性、Jacobs外部性与地区经济绩效的关系，在模型（7）的基础上做四种不同情况的回归分析，在①基础上依次加入MAR外部性的平方项$(LnRZI_{it})^2$、Jacobs外部性的平方项$(LnRDI_{it})^2$以及同时加入二者，形成②③④，如表4-22所示。

表4-22　广西壮族自治区MAR外部性、Jacobs外部性与地区经济绩效的回归估计结果

解释变量	被解释变量LnTDI（PROD）			
	①	②	③	④
LnRZI	−0.056*（−3.375）	−0.335（−0.952）	−0.124（−2.451）	−0.223（−0.980）
$(LnRZI)^2$		0.014（0.749）		0.068（1.856）
LnRDI	5.332（0.383）	6.271（0.494）	4.639（0.903）	5.334（0.420）
$(LnRDI)^2$			−1.112（−0.958）	−0.716（−0.745）
LnFDI	0.114（0.073）	0.164（0.379）	0.226（0.380）	0.373**（0.443）
LnGOV	−0.317（−1.533）	−0.307（−1.706）	−0.257（−2.382）	0.389**（3.317）

续　表

解释变量	被解释变量LnTDI(PROD)			
	①	②	③	④
LnEDU	−4.216(−0.908)	−2.934(−0.625)	−2.050(−0.368)	−2.382**(−0.468)
常数项	0.776**(4.132)	0.670**(3.001)	0.727*(3.081)	0.651(2.763)
R²	0.968	0.969	0.974	0.979
F	30.634	21.642	24.355***	18.154**

注:变量括号内为t值,*、**、***分别表示在10%、5%和1%的水平上显著。

MAR外部性在模型中用RZI(专业化指数)来衡量,检验结果显示,①中RZI的系数为−0.056,且显著性水平达到10%。在①的基础上加入RZI的平方项,形成②④,在②和④中RZI的平方项的系数分别为−0.335和−0.124,虽然显著性水平未达到10%,但可决系数达到0.969,说明该项加入合理。四个模型的检验结果显示,MAR外部性对经济绩效提升有影响,且RZI的系数均为负,RZI的平方项系数均为正,故认为MAR外部性对地区经济绩效提升的影响是非线性的。

Jacobs外部性在模型中用RDI(多样化指标)来衡量,检验结果显示,①②中RDI的系数项的t值都未超过0.5,显著性水平并未达到10%。在①的基础上加入Jacobs外部性的衡量指标RDI的二次项,形成③④,虽然可决系数接近0.98,但该项的t值较小且为负值,说明这一项加入的不合理,检验结果不显著。模型检验结果显示,RDI系数项均为正,说明Jacobs外部性对经济绩效提升有正效应。

在①②③④估计结果中,外商直接投资水平FDI的系数均为正,且在②中的t值达到0.379,说明外商直接投资水平对于经济绩效提升是有利的,但是其效果不显著。虽然政府干预程度GOV系数项的t值均未达到10%的显著性水平,其系数项均为负,表明政府干预对经济绩效提升的作用较小,但起负效应,即政府干预阻碍经济绩效的提升。对于人力资本水平EDU的回归分析,其系数也均为负,t值也均未达到10%的显著水平,可知人力资本在经济绩效提升的时起较小的阻碍作用。

（2）产业外部性与地区产业结构调整。

为验证 MAR 外部性、Jacobs 外部性和地区产业结构调整的关系，在模型（8）的基础上依次加入 MAR 外部性的平方项$(LnRZI_{it})^2$、Jacobs 外部性的平方项$(LnRDI_{it})^2$以及同时加入二者，形成⑤⑥⑦⑧，如表4-23所示。

表4-23　广西壮族自治区 MAR 外部性、Jacobs 外部性与地区产业结构调整的回归估计结果

解释变量	被解释变量 LnTDI(STRU)			
	⑤	⑥	⑦	⑧
LnRZI	−4.703*(−3.418)	6.004(0.437)	−3.595(−1.691)	5.830(0.341)
$(LnRZI)^2$		−4.737(−0.680)		−4.454(−0.530)
LnRDI	5.270(0.746)	4.317(0.539)	−0.015(−0.426)	−0.002(−0.619)
$(LnRDI)^2$			4.611(0.619)	4.105(0.740)
LnFDI	−14.086(−0.208)	−21.329(−0.744)	−18.342(−0.361)	−27.076(−0.462)
LnGOV	51.378***(6.219)	49.332***(5.163)	54.398***(6.159)	50.289**(4.214)
LnEDU	−139.573(−0.785)	−207.384(−0.832)	−211.709(−1.202)	−261.306(−1.004)
常数项	3.082(0.453)	−39.081(−1.754)	6.251(0.673)	5.813(0.549)
R^2	0.979	0.981	0.983	0.991
F	43.435***	27.541***	28.159***	18.089***

注：变量括号内为 t 值，*、**、*** 分别表示在10%、5%和1%的水平上显著。

对于 MAR 外部性，检验结果显示，⑤中 RZI 的系数为−4.703，且显著性水平达到10%，加入 RZI 的平方项后，⑥⑧可决系数超过0.98，说明该项加入合理。四个模型的检验结果显示，MAR 外部性对产业结构调整有影响，且 RZI 的系数与 RZI 的平方项系数正负相反，故认为 MAR 外部性对地区产业结构调整的影响是非线性的。

对于 Jacobs 外部性，检验结果显示，⑤⑥中 RDI 的系数项的 t 值都未超过0.8，显著性水平并未达到10%，但在加入 RDI 平方项后，⑦⑧中 RDI 项系数变为负数，显然该项的加入不合理。最终的模型检验结果显示，Jacobs 外部性对产业结构调整有正效应。

在⑤⑥⑦⑧估计结果中，外商直接投资水平 FDI 的系数均为负，说明外商直接投资水平对于产业结构调整是不利的，且其效果不显著。政府干预程

度 GOV 系数项的 t 值达到 1% 的显著性水平,其系数项均为正,表明政府干预对产业结构调整的促进作用较强。对于人力资本水平 EDU 的回归分析,其系数也均为负,t 值也均未达到 10% 的显著水平,可知人力资本对产业结构调整影响较小。

(3)结论分析。

实证结果显示,MAR 外部性对广西壮族自治区产业结构调整和地区经济绩效提升的作用效果不显著,且是非线性的。可能的原因是,广西制造业集聚多是食品、机械加工制造和能源依赖型制造业,这些产业属于劳动密集型产业,一些劳动密集型逐步进入成熟期且增长乏力,加上技术密集型和生产性服务业的发展不足,导致产业结构调整转型难度大。

Jacobs 外部性虽然对产业结构调整和经济绩效提升起正向作用,但并不明显。产生这一现象可能的原因是,广西壮族自治区产业结构较为简单,产生的外部性弱。另一个重要原因是广西壮族自治区专业化产业模式使城市产业发展逐渐演变成一种"刚性结构",不利于城市产业结构调整和劳动生产率的大幅度提高。

外商直接投资水平 FDI 有利于产业结构调整,但不利于经济绩效提升,这与一般理论相悖。可能的原因是,一方面外商直接投资可以为地区带来先进的生产技术和管理经验,发生人力资本流动和知识溢出效应,对产业结构的快速调整尤其是实现传统产业的"高级化"和"生产性服务化"的调整具有积极作用。另一方面,广西的外商直接投资主要集中在简单的加工制造业以及资源依赖型产业,外商进行的更多是低附加值产业的转移。

虽然政府干预程度 GOV 对产业结构调整的负向作用较小,但对经济绩效提升起较强的正向作用,可能的原因是在经济发展的较低阶段,政府干预经济效果好,同时政府的市场资源的配置偏好阻碍地区产业结构的调整。

人力资本水平 EDU 在产业结构调整和经济增长的过程中起较小的阻碍作用,与理论不符,可能的解释是广西壮族自治区人力资本的投入多为低层次劳动力,专业技术型人才不足,所以在地区经济转型发展的过程中,人力资本并未发挥其应有的推动作用,而严重的智力外流情况强化了这一劣势。

（三）研究结论与政策建议

1. 研究结论

由实证分析可知:①MAR外部性对广西壮族自治区产业结构调整和经济绩效提升有影响,呈非线性关系,且其作用效果不明显;②Jacobs外部性虽然对广西壮族自治区产业结构调整和经济绩效提升起正向作用,但其发挥的作用并不明显,也就是说对地区经济转型发展没有起到强劲的促进作用;③外商直接投资水平对广西壮族自治区的产业结构调整起推动作用,对经济绩效提升起阻碍作用,但其作用力不大;④政府干预程度对广西壮族自治区的产业结构调整起阻碍作用,对经济绩效提升起促进作用,不利于地区经济转型发展;⑤人力资本在广西壮族自治区产业结构调整和经济增长的过程中未发挥应有的正效应,影响地区经济转型发展。

2. 政策建议

（1）完善基础设施,促进产业集群发展。要加大对各地工业园区的基础设施投入,改善工业园区环境,加强公路、铁路、航空等现代化交通体系建设,在物流、仓储、转运等环节融合互联网新技术,提高信息传递效率,为支持产业集群的发展,提高产业配套服务设施的投入。另外,借鉴东部地区的发展经验,对于拥有钦州、北海、防城港三大天然优良港口的城市,要加大基础设施的资金投入,改善航道环境,使海运、内河运输能力与机械加工、化工能源等产业需求相适应,为资本的进入提供便利的交通条件,降低企业贸易成本,促成集聚吸引力的产生,发挥产业集聚外部性对地区产业结构调整和经济绩效提升的双重促进作用。

（2）承接高新技术产业转移,推动产业创新。产业整体竞争力不仅依靠龙头企业带动,还在于上下游配套企业的关联性和融合程度。广西应该以传统的主导企业为基点,不断向产业链两端延伸。在保持产业链上游集聚优势的同时,推动优势主导产业向下游扩展,从粗加工向精加工突破,优化增值环节,增强产业链中各环节的协同能力和响应速度,通过产业联盟集中攻关关键技术,提升创新能力,共享创新成果。打破单一的依赖于加工制造的局面,向服务增值的方向拓展,鼓励制造业企业偏向服务增值环节,提高产品服务保障能力。广西应注重产业结构的调整,改变产业结构较为单一、以劳动密集型和资源依赖型的加工制造业为主的现状,积极承接东部地区技术含量高、经济效益好的产业,同时注重发展本地区的生产性服务业,使得产业集聚外部性能够同时发挥对产业结构调整和经济增长的积极影响,从而促进地区经济转型发展。

(3)创新投融资体制,完善招商引资体系。要把握好金融支持的力度和角度,向实力较强、规模较大的中型企业倾斜,用优惠的信贷政策支持其转型过程,向集群内关联性较强的企业特别是中小企业倾斜,通过融资支持帮助其打通产业链,关注配套企业的孵化工作,对集群内不同规模与定位的企业提供有针对性的金融服务。在汽车及其配套零部件、工程机械、石化冶金等主导性产业上,适当予以贷款支持,重点推进金融服务创新,改变单一的输血模式,构建支付、征信、外汇、保险等全方位的服务体系构建,将产业内投融资资源共享,不断提高服务能力和运用效率。在集群产业内部,鼓励互助型担保融资业务,由龙头企业为配套企业做担保,降低金融风险,缓解企业创新和转型过程中的现金流压力。另外,利用广西自身的区位优势和资源优势,优化投资环境,提高外资利用率和资本边际汇报率。组织设立产业投资基金,以私募的形式吸引国内闲散的社会资金。通过多方努力,为产业集聚提供全方位的金融支持,为广西制造业发展注入更多的活力,推动集群产业的健康发展。

(4)依托市场经济,鼓励创新和研发。要巩固技术研发平台建设,做好传统龙头企业的技术研发工作,鼓励对配套企业进行共性技术的转让,形成咨询、服务的常态化机制。用科技创新提升产品质量,凭借核心技术攻克市场,形成高附加值产业,带动关联产业加速转型升级。在研发队伍建设上,应该采取外部吸纳和内部培养并举的模式,重视领军人物的引进,注意“传帮带”作用,保持研发队伍的稳定性和积极性。鼓励与外部的智库进行联络,加强与高等院校、科研院所的联合研发,把握市场规律,促进协同创新,注意产学研的结合。同时,理顺管理层与研发人员的员工关系,营造具有创新活力的研发环境,打造创新创业平台,为科技人才营造良好的生活工作环境。重点深化高等教育改革,加大发展职业教育,培养数量充足、结构合理的高技能人才队伍。

四、东中西部典型省份的对比

将浙江、湖北和广西三个省份(自治区)进行对比,结果如表4-24所示。

表4-24 MAR外部性、Jacobs外部性及控制变量对三个典型省份的影响

省域层面	浙江(东部)		湖北(中部)		广西(西部)	
	经济绩效	结构调整	经济绩效	结构调整	经济绩效	结构调整
MAR外部性	不明显	不明显	不明显	不明显	负效应	负效应
Jacobs外部性	负效应	负效应	正效应	负效应	不明显	不明显
FDI	正效应	负效应	正效应	负效应	正效应	不明显
GOV	正效应	正效应	负效应	正效应	负效应	正效应
EDU	负效应	负效应	正效应	不明显	不明显	不明显

省域层面的对比结果显示,在东部和中部地区,MAR外部性对经济绩效提升和产业结构调整均表现为不明显的正效应,在西部地区则表现为较明显的负效应。东部、中部地区的产业集聚程度略高于西部,产业规模、集群数量均强于西部,但三者的共性在于整体产业层次偏低,支柱产业以劳动密集型产业为主,带动作用有限,产业链内部分工不够紧密,所以MAR外部性未表现出明显的优势,而东部和中部地区仍然略优于西部地区。

Jacobs外部性对地区经济绩效提升的影响,在东部地区表现为负效应,在中部地区表现为正效应,在西部地区表现为不明显的正效应。实证过程显示,Jacobs外部性的影响是非线性的,东部地区较中部、西部地区而言,所处产业集群生命周期为成熟阶段,不仅同类产品的企业间竞争加剧,而且不同产业间对资金、土地等要素的需求也存在竞争情况,所以,在Jacobs外部性影响上东部地区的表现弱于中部地区、西部地区。Jacobs外部性对地区产业结构调整的影响,在东部和中部地区表现为明显的负效应,在西部地区表现为不明显的负效应。当产业集聚达到一定的规模,并成为地区经济增长的重要支撑力量时,产业结构调整与转型的过程中,就会存在"僵化"的现象,产业间的联系借助Jacobs外部性抗拒这种改变,使得Jacobs外部性对地区产业结构调整存在较弱的阻碍作用。

外商直接投资FDI对东、中、西部地区经济绩效提升均表现为明显的正

效应。外来的资金和技术,能够增加要素供给,并通过关联效应,对产业间的技术交流、人员培训产生积极影响,进而提升经济绩效。但是,FDI对东、中、西部地区产业结构调整的影响有明显不同,对东部和中部为较明显的负效应,对西部为不明显的负效应。外部投资进入产业时,会有倾向性地选择地区优势产业,而我国地区优势产业多以劳动密集型或传统产业为主,外部的投资会强化这种现状,并产生"锁定效应",致使要素配置效率下降,产业结构调整难度增加。

政府干预程度GOV对东部地区经济绩效提升呈现正效应,对中、西部地区经济绩效提升呈现负效应。说明政府干预对不同地区经济增长的影响具有差异,产生的原因可能是地方主政者的思路、产业政策与产业基础的契合程度等。GOV在东、中、西部产业结构调整中均具有正向作用,不同于以往"GOV会导致产业结构趋同"的结论,可能的原因是一方面在经济转型过程中,地方主导者通过吸取经验和教训,产业政策的制定更加科学合理,另一方面,产业集聚与要素投入倾斜形成的"刚性结构",需要外力来打破,地方政府干预行为有效地承担了这一角色。

人力资本水平EDU在地区经济绩效提升和产业结构调整上,并非都表现出正向作用,部分呈现较明显的负效应,部分呈现不明显的正效应。说明人力资本在各地区的分布不均甚至储备不足,将会使地区经济转型乏力。同时,还要注意人力资源的错配现象,如果技术人才与岗位的匹配存在结构性失衡,不仅造成人才资源浪费,加剧负效应,还会迟滞产业结构调整的进程。

第四节 我国东中西部不同规模城市的比较

本节试图从另一个角度探究产业集聚外部性对地区经济发展的影响,运用动态面板数据GMM方法,基于中国283个城市18个行业的数据,对MAR外部性和Jacobs外部性进行实证分析,为产业集聚外部性与地区经济发展的研究提供更加丰富的案例,也为我国地区经济转型发展提供更为切合实际的理论依据与支撑。

一、计量模型、变量与数据

(一)计量模型设定

地区经济发展是一个动态演变过程,不仅受到当期因素的影响,往往也会受到前期因素影响。为了考察产业外部性、城市规模对经济发展的影响机制,本研究在经典理论框架基础上,构建如下动态面板数据模型:

$$LnY_{it} = \beta_0 + \rho LnY_{it-1} + \beta_1 MAR_{it} + \beta_2 Jacobs_{it} + \beta_3 LnK_{it} + \beta_4 LnL_{it} + \lambda X_{it} + \mu_i + \varepsilon_{it} \quad (9)$$

其中,i表示城市,t表示年份;Y_{it}表示经济发展水平,Y_{it-1}为被解释变量的一阶滞后项,用以刻画城市经济发展过程中可能存在的动态特征;MAR_{it}表示城市的MAR外部性水平;$Jacobs_{it}$表示城市的Jacobs外部性水平;K_{it}表示资本存量;L_{it}表示劳动投入;X_{it}表示一组其他控制变量,包括城市规模SCA、外商直接投资水平FDI、交通基础设施INF、政府干预程度GOV、人力资本水平EDU等;u_i表示不可观测的个体固定效应,ε_{it}为随机误差项。为消除异方差的影响,本研究对有关变量采取自然对数形式。

既有文献研究表明,MAR外部性和Jacobs外部性对城市经济的影响,因城市规模不同而存在显著性差异(孙晓华和周玲玲,2013;苏红键和赵坚,2011)。然而,此类研究多是依据年末人口或非农业人口的标准对城市规模进行分组研究,并不能揭示MAR外部性、Jacobs外部性与城市规模之间可能存在的协同效应,也未能考察其协同效应对地区经济发展的影响效应。为进一步揭示MAR外部性、Jacobs外部性与城市规模间的协同效应对经济发展的作用效果,对此,本研究在式(9)基础上分别引入MAR外部性、Jacobs外部性与城市规模的交互项,得:

$$\begin{aligned}LnY_{it} = &\beta_0 + \rho LnY_{it-1} + \beta_1 MAR_{it} + \beta_2 Jacobs_{it} + \beta_3 LnK_{it} + \beta_4 LnL_{it} + \lambda_1 LnSCA_{it} \\ &+ \lambda_{21} LnFDI_{it} + \lambda_{321} LnINF_{it} + \lambda_{421} LnGOV_{it} + \lambda_{521} LnEDU_{it} + \varphi MAR_{it}*LnSCA_{it} \\ &+ \mu_i + \varepsilon_{it} \quad (10)\end{aligned}$$

$$\begin{aligned}LnY_{it} = &\beta_0 + \rho LnY_{it-1} + \beta_1 MAR_{it} + \beta_2 Jacobs_{it} + \beta_3 LnK_{it} + \beta_4 LnL_{it} + \lambda_1 LnSCA_{it} \\ &+ \lambda_{21} LnFDI_{it} + \lambda_{321} LnINF_{it} + \lambda_{421} LnGOV_{it} + \lambda_{521} LnEDU_{it} + \varphi Jacobs_{it}*LnSCA_{it} \\ &+ \mu_i + \varepsilon_{it} \quad (11)\end{aligned}$$

其中，MAR*LnSCA 表示 MAR 外部性与城市规模的交互项；Jacobs*LnS-CA 表示 Jacobs 外部性与城市规模的交互项。

(二)变量说明

1.被解释变量

现有文献的通常做法是用实际的人均地区生产总值来表示经济发展水平，遵从现有文献的一致性，这里以各城市市辖区实际的人均 GDP 来测度。以 2003 年为基期，使用各省(直辖市、自治区)的地区生产总值平减指数来对各城市地区生产总值进行平滑调整，调整为以 2003 年为基期的实际值，然后，除以各城市市辖区年末总人口数。各省(直辖市、自治区)地区生产总值平减指数由各省(直辖市、自治区)地区生产总值指数计算而得。

2.解释变量

借鉴于斌斌和金刚(2014)、张志强(2014)等学者的度量方法，分别采用产业专业化指数和产业多样化指数来衡量 MAR 外部性和 Jacobs 外部性。

(1)MAR 外部性。产业专业化指数(衡量 MAR 外部性水平)大致可分为绝对衡量指标和相对衡量指标两类，为了更加准确地反映不同城市之间的产业专业化程度，客观、合理的比较不同地区间的 MAR 外部性水平，治理采用相对衡量指标，其计算公式为：

$$MAR_{it} = \max_j \left(\frac{S_{ij}}{S_j} \right) \quad (12)$$

其中，S_{ij} 表示第 i 个城市中 j 产业的就业人数占该城市总就业人数的比重，S_j 表示所有产业 j 的就业人数占全部城市就业人数的比重。

(2)Jacobs 外部性。为与 MAR 外部性水平相一致，本研究采用相对多样化指标来衡量，具体计算公式为：

$$Jacobs_{it} = \frac{1}{\sum_j |S_{ij} - S_j|} \quad (13)$$

其中，S_{ij} 与 S_j 的定义同式(12)。

需要说明的是，相对专业化指数和相对多样化指数反映了城市产业结构与其他城市的关系。式(12)和(13)计算得到的专业化和多样化并不是完全对立的，相反，产业多样化并不是专业的缺乏，一个地区既可以是多样化的产业结构,也可以拥有专业化的产业。

(3)资本存量 K。国内学者多使用"永续盘存法"(Perpetual Inventory Method, PIM)来估算资本存量,具体计算公式如下:

$$K_{it} = (1-\delta)K_{it-1} + \frac{E_{it}}{d_{it}} \quad (14)$$

其中,K_{it}表示 i 城市 t 年的实际资本存量,K_{it-1}表示 i 城市 t-1 年的实际资本存量,E_{it}表示 i 城市 t 年的名义固定资产投资额,d_{it}表示 i 城市 t 年的固定资产投资价格指数,δ为折旧率。参考相关文献,这里将资本存量折旧率设定为9.6%。由于官方尚未公布各城市的固定资产投资价格指数,这里以各城市所属省(直辖市、自治区)的2003—2012年固定资产投资价格指数予以替代,基期为2003年。本研究借鉴 Young(2003)的研究结论,将各城市基期2003年的固定资产投资规模除以10%作为各地区基期的资本存量。

(4)劳动投入 L。劳动投入的科学衡量指标是劳动时间乘以平均每单位时间内的劳动质量,但该数据无法得到,这里延续多数文献所采用的方法,以"在岗职工人数"作为替代指标。

(5)城市规模 SCA。产业专业化、多样化对经济发展水平的影响因城市规模的差异而不同。一般认为,规模较大城市具有多样化的产业特征,而规模较小城市多倾向于产业专业化。一方面,规模较小城市的专业化集聚,有利于形成知识、技术、信息在产业内溢出的外部性效应,规模较大城市能够提供规模报酬递增的多样化的中间投入品,发挥知识、技术在产业间溢出的外部性效应(Glaeser et al., 1992);另一方面,城市规模超过一定范围,会出现劳动力成本上升、地租上涨、交通拥挤、环境恶化等问题,导致集聚不经济。可见,MAR 外部性、Jacobs 外部性与城市规模密切相关。遵循现有文献的一致性,这里使用城市年末总人口数来衡量。

3.控制变量

为了尽可能减少遗漏变量引起的内生性偏误,在参考现有文献研究基础上,结合我国经济发展的实际情况,选择以下控制变量:

(1)外商直接投资 FDI:基于数据的获得性和遵从文献的一致性,本研究采用年度实际利用外商投资额占 GDP 的比重来衡量,各年度实际利用外商直接投资金额以各年度人民币对美元年平均汇价(中间价)进行折算,并按照GDP指数(以2003年为基期)进行平滑调整。

(2)交通基础设施INF:借鉴于斌斌(2014)的做法,采用人均道路占有面积作为地区/城市交通基础设施的代理变量。

(3)政府干预程度GOV:地方政府的财政支出和税收政策、政府官员晋升博弈等因素必然会对地区经济发展产生影响。本研究采用财政支出占GDP的比重来反映政府干预程度。

(4)人力资本水平EDU:人力资本反映了劳动力质量、劳动力接受教育程度等。采用每万人中高等院校在校生人数来衡量。

(三)数据和方法说明

基于统计数据的可得性,选取除西藏外的中国大陆30个省(直辖市、自治区)下辖的283个地级及以上城市2003—2012年的面板数据作为地区研究样本,研究样本基本涵盖中国大陆全部的地级及以上城市范围,较好地反映近年来我国地区产业发展、经济发展等方面的基本情况。

数据来源于《中国城市统计年鉴》(2004—2013)、《中国统计年鉴》(2004—2013)以及国家统计网站的"分省年度数据库",同时,对个别城市少数年份的缺失数据做平滑处理。另外,某些城市的行政级别与区划在样本期间内发生了变更:一是2003年,甘肃陇南、宁夏中卫尚未成立;二是2011—2012年国务院将毕节和铜仁升格为地级市,在海南省设立三沙市,在安徽省撤销巢湖市等。为保持数据的完备性与口径统一性,将这些城市予以剔除,最终选择余下的283个地级及以上城市数据作为研究样本。

需要说明的是,2002年国家统计局发布了新的《国民经济行业分类与代码》,由原来的15个行业调整为19个行业。《中国城市统计年鉴》中的每项统计指标都分列了全市观测值和市辖区观测值,与现有相关文献保持一致,本研究所采用的都是各市市辖区数据,不包含市下辖县的数据,并且考虑到第一产业(农林牧渔业)在市辖区的占比很低,故而剔除掉了农林牧渔业,将其余的18个行业作为考察对象来计算产业外部性。

利用Arellano & Bond(1991)提出的差分广义矩估计(DIF-GMM)来解决解释变量和控制变量可能存在的内生性问题。DIF-GMM估计可分为一步估计和两步估计,在有限样本的条件下,两步估计的标准误会产生向下偏倚。因此,使用更加可靠的一步DIF-GMM估计方法来对实证模型进行回归分析,并且参数估计值的标准误均采用异方差稳健的标准误。

二、实证结果分析

(一)变量描述统计

具体如表4-25所示。

表4-25　全国MAR外部性和Jacobs外部性平均值

年份	MAR外部性平均值	Jacobs外部性平均值
2003	3.155	2.496
2004	3.141	2.436
2005	3.208	2.358
2006	3.259	2.339
2007	3.300	2.340
2008	3.383	2.287
2009	3.524	2.206
2010	3.939	1.718
2011	3.486	2.198
2012	3.614	2.165

注:根据2003—2012年相关数据计算整理而得。

从全国范围来看,总体上,MAR外部性平均值在2003—2012年呈现增长趋势,在2010年出现了一个波峰为3.939,2011年有所下降,之后又呈现增长趋势。Jacobs外部性平均值在2003—2010年表现出逐年下降的态势,2010年出现一个下降波谷,达到最低点1.718,随后则并未继续下降,转而上升到2.198,2012年则又出现小幅度的下降。

将上述283个市域单元2003—2012年的MAR外部性、Jacobs外部性和实际人均GDP的均值进行测算,结果表明,MAR外部性高值主要集中在中西部地区,Jacobs外部性高值分布相对分散。而人均GDP统计高值集中于东部地区,三者之间的空间关联看上去并不明显。鉴于此,有必要实证分析产业集聚外部性与地区经济发展之间的关系及作用机理。

(二)全国总样本回归分析

全国总样本估计的回归结果如表4-26所示。

表4-26　全国总样本回归结果

	(1)	(2)	(3)	(4)	(5)	(6)	(7)
	OLS	FE	DIF-GMM	DIF-GMM	DIF-GMM	DIF-GMM	DIF-GMM
LnY	0.9042***	0.6997***	0.8743***	0.8777***	0.8678***	0.8669***	0.8679***
	(0.0120)	(0.0342)	(0.0601)	(0.0628)	(0.0607)	(0.0604)	(0.0611)
MAR	0.0009	0.0009	0.0132**		0.0104**	0.0130**	0.0107**
	(0.0009)	(0.0023)	(0.0054)		(0.0050)	(0.0055)	(0.0051)
Jacobs	−0.0037	−0.0012		−0.0210**	−0.0149*	−0.0167**	−0.0219***
	(0.0023)	(0.0048)		(0.0086)	(0.0084)	(0.0082)	(0.0084)
LnK	0.0797***	0.2697***	0.1271***	0.1190***	0.1280***	0.1287***	0.1292***
	(0.0096)	(0.0333)	(0.0432)	(0.0437)	(0.0425)	(0.0430)	(0.0426)
LnL	0.0055	0.0747***	0.1664***	0.1792***	0.1686***	0.1706***	0.1687***
	(0.0063)	(0.0178)	(0.0451)	(0.0513)	(0.0460)	(0.0466)	(0.0465)
LnSCA	−0.0816***	−0.3514***	−0.5502***	−0.5557***	−0.5516***	−0.5612***	−0.5755***
	(0.0120)	(0.0553)	(0.0536)	(0.0524)	(0.0544)	(0.0577)	(0.0552)
FDI	0.0003	−0.0034**	0.0023	0.0030	0.0022	0.0026	0.0022
	(0.0008)	(0.0017)	(0.0030)	(0.0031)	(0.0030)	(0.0030)	(0.0029)
INF	0.0012	0.0017	0.0038	0.0037	0.0036	0.0037	0.0035
	(0.0007)	(0.0015)	(0.0029)	(0.0029)	(0.0028)	(0.0029)	(0.0028)
GOV	−0.2197***	−0.3083***	−0.4694***	−0.4502***	−0.4630***	−0.4745***	−0.4627***
	(0.0620)	(0.1099)	(0.1534)	(0.1527)	(0.1532)	(0.1537)	(0.1532)
LnEDU	−0.0004	0.0080***	0.0042**	0.0043**	0.0042**	0.0041**	0.0043**
	(0.0019)	(0.0019)	(0.0019)	(0.0020)	(0.0019)	(0.0019)	(0.0019)

	（1）	（2）	（3）	（4）	（5）	（6）	（7）
	OLS	FE	DIF-GMM	DIF-GMM	DIF-GMM	DIF-GMM	DIF-GMM
LnSCA* MAR						−0.1946**	
						（0.0786）	
LnSCA* Jacobs							0.2112**
							（0.0854）
_cons	0.1792***	0.2232					
	（0.0624）	（0.2457）					
AR（1）			[0.0000]	[0.0000]	[0.0000]	[0.0000]	[0.0000]
AR（2）			[0.2279]	[0.1838]	[0.1918]	[0.2158]	[0.2375]
Hansen			[0.5479]	[0.2596]	[0.6778]	[0.7054]	[0.7073]
N	2465	2465	2182	2182	2182	2182	2182

注：①（ ）内数值为异方差稳健标准误，[ ]内数值为相应检验统计量的 p 值；②*、**和
***分别表示能够通过显著水平为10%、5%和1%的统计检验；③AR（1）、AR（2）代表 Arel-
lano-Bond 的检验统计量，用于检验一次差分残差序列是否存在一阶、二阶自相关，其原假
设为不存在自相关；④Hansen 检验的原假设为所有工具变量是有效的。

表4-26报告结果显示，在一步 DIF-GMM 估计中，所有模型的 Hansen 检
验均接受原假设，表明工具变量的设定是有效的；Arellano-Bond 检验 p 值在
AR（1）处拒绝原假设，AR（2）处接受原假设，表明模型的随机误差项均不存
在显著的二阶自相关问题；使用 OLS 和 FE 对本研究的计量模型进行估计，发
现所有一步 DIF-GMM 估计的被解释变量一阶滞后项系数估计值均介于两种
方法之间①。以上检验表明一步 DIF-GMM 估计结果是有效的。列（1）、（2）的
OLS 和 FE 估计中，MAR 外部性的估计系数是正的，为0.0009，然而不显著，其
估计假设 MAR 外部性为外生变量，这个假设显然并不符合理论和实际，其会
低估 MAR 外部性对实际人均 GDP 的影响，出现向下的偏差。列（5）放松了这
个假设，将 MAR 外部性变量看作内生，DIF-GMM 方法估计系数为0.0104，其

———————
① 限于篇幅，表4-26不再展示其他的 OLS 和 FE 估计结果，有兴趣的读者可向作者索
取，下同。

影响不仅明显大于OLS和FE估计量,而且至少在5%的水平下显著。同理,Jacobs外部性变量的估计系数在OLS和FE估计中为负值,且有向上的偏差,低估了Jacobs外部性对实际人均GDP的影响,而在DIF-GMM方法估计中,其影响明显大于OLS和FE估计量,并且都至少在10%的水平下显著。列(5)回归结果显示,控制其他条件不变,MAR外部性对实际人均GDP的影响效应要略小于Jacobs外部性,MAR外部性提高1个单位的城市会促进实际人均GDP增长约1.04%,而Jacobs外部性则会降低约1.49%的实际人均GDP增长,同时,这也表明MAR外部性是城市实际人均GDP的主要来源。MAR外部性能为企业带来专业化技能的劳动力、低成本的中间投入品以及专业化知识溢出效应,促进城市人均GDP的增长。

列(5)回归结果显示:资本存量和劳动力投入的参数估计值均为正,且都至少在1%的水平下显著,这就意味着物质资本投资和劳动力投入依然是我国城市经济发展的重要驱动力,资本存量增加1个百分点,人均GDP增长约0.128个百分点,劳动力投入增加1个百分点,人均GDP增长约0.1686个百分点。城市规模变量对人均GDP表现出显著的负向作用,然而,将因变量替换为实际产出GDP时,城市规模却为显著正值,可能与本研究以年末总人口数来衡量城市规模相关。外商直接投资对人均GDP增长的影响为正,但并不显著,可能的原因是短期内外商企业进入我国各地区所带来的负面竞争效应部分抵消了其技术、知识和管理经验的外溢效应,致使其回归系数并不显著。交通基础设施的估计系数并不显著,这就意味着城市人均道路占有面积对城市人均GDP的影响效应还需要进一步的观察和研究。人均GDP对人力资本的弹性约为0.0042,且通过了5%显著水平的检验,表明人力资本对城市经济发展有一定的积极作用。另外,政府干预对城市人均GDP增长具有1%水平下显著的负影响,证实了政府干预对我国城市经济发展提升具有明显的负向作用,这与多数文献的研究结论相一致。

在表4-26列(5)的基础上进一步引入MAR外部性、Jacobs外部性与城市规模的交互项,即对应计量方程式(10)、(11),回归估计结果报告在列(6)、(7)。引入MAR外部性与城市规模交互项后,列(6)报告显示,MAR外部性与城市规模交互项系数的符号为负,并且在5%水平下显著,MAR外部性与城市规模的协同效应为负向效应,换言之,城市规模与专业化集聚之间存在一定的替代关系。其经济含义是:专业化集聚水平高的地区,通过扩张城市人口规模来追求更高水平的集聚经济,会适得其反,降低城市人均GDP的增长。引入Jacobs外部性与城市规模交互项后,列(7)报告显示,Jacobs外部性与城市规模交互项系数的符号为正的,且也在5%水平下显著,说明Jacobs外部性与城市规模之间存在显著的正向协同效应,换言之,城市规模与多样化集聚之间存在一定的互补关系。其蕴含的经济含义是:扩张城市人口规模与提升多样化集聚水平相适宜,将有助于提升地区人均GDP的增长,促进城市经济发展。交互项回归系数的估计结果具有较强的政策含义,MAR外部性或Jacobs外部性效应的发挥,要与城市规模相适宜,否则,会降低资源的配置效率,不利于城市经济发展。

(三)东部、中部、西部样本回归分析

1.东部地区的回归结果

改革开放以来,我国实施了梯度发展战略,在空间上逐步形成了东部、中部和西部三大地区,各区域在经济发展水平、对外开放、资源禀赋、市场完善程度等诸多方面存在着明显的差异。接下来,这里将对东部、中部和西部三大区域样本分别进行回归估计,以考察不同区域中MAR外部性、Jacobs外部性对人均GDP影响效应的差异性。

表4-27是东部地区的回归结果报告。表4-27列(3)显示,控制其他条件不变,MAR外部性的估计系数不显著,而Jacobs外部性的估计系数为负,且通过了5%的显著性检验。这表明,在东部地区MAR外部性的作用效应不明显,同时Jacobs外部性并不有利于城市人均GDP的提升。交通基础设施变量的估计系数在5%显著水平下为正,表明交通基础设施条件对东部地区人均GDP增长具有一定促进作用,城市人均道路占有面积每提高1平方米,东部地区城市人均GDP将提高约0.56%。交通基础设施作为不支付的生产要素能够通过共享基础设施、降低交易成本、推动集聚经济效应发挥来影响城市经济活动。

关于交互项在东部区域的表现,表4-27列(4)、(5)报告结果显示,MAR外部性与城市规模交互项系数在5%水平下为正,这就意味着东部地区的

MAR外部性与城市规模之间的协同效应对人均GDP增长产生促进作用。Jacobs外部性与城市规模交互项系数不显著,东部地区的多样化集聚经济与城市规模对人均GDP的作用需要进一步研究,其他变量的参数估计与全国样本的研究结论基本相符,不再赘述。

表4-27 东部地区回归结果

	（1）	（2）	（3）	（4）	（5）
	OLS	FE	DIF-GMM	DIF-GMM	DIF-GMM
LnY	0.893***	0.655***	0.690***	0.698***	0.692***
	(0.026)	(0.093)	(0.124)	(0.113)	(0.123)
MAR	−0.000	−0.012***	−0.010	−0.042***	−0.010
	(0.002)	(0.004)	(0.011)	(0.015)	(0.011)
Jacobs	−0.007**	−0.009	−0.022**	−0.024**	−0.021*
	(0.003)	(0.006)	(0.011)	(0.011)	(0.011)
LnK	0.080***	0.321***	0.268***	0.276***	0.267***
	(0.019)	(0.082)	(0.089)	(0.079)	(0.089)
LnL	0.018	0.120***	0.196***	0.195***	0.195***
	(0.016)	(0.041)	(0.071)	(0.074)	(0.071)
LnSCA	−0.088***	−0.429***	−0.635***	−0.585***	−0.636***
	(0.026)	(0.116)	(0.111)	(0.091)	(0.110)
FDI	0.002*	−0.003	−0.008	−0.008	−0.008
	(0.001)	(0.003)	(0.006)	(0.006)	(0.006)
INF	0.001	0.004**	0.006**	0.004**	0.006**
	(0.002)	(0.002)	(0.002)	(0.002)	(0.002)
GOV	−0.232***	−0.431**	−0.585*	−0.610*	−0.590*
	(0.083)	(0.193)	(0.328)	(0.333)	(0.329)
LnEDU	−0.002	0.007***	0.005**	0.005**	0.005**
	(0.004)	(0.002)	(0.002)	(0.002)	(0.002)

续　表

	(1)	(2)	(3)	(4)	(5)
	OLS	FE	DIF-GMM	DIF-GMM	DIF-GMM
LnSCA*MAR				0.464**	
				(0.232)	
LnSCA*Jacobs					−0.051
					(0.099)
_cons	0.298**	0.120			
	(0.121)	(0.390)			
AR(1)			[0.000]	[0.000]	[0.000]
AR(2)			[0.351]	[0.545]	[0.343]
Hansen			[1.000]	[1.000]	[1.000]
N	775	775	687	687	687

注：①（ ）内数值为异方差稳健标准误，[ ]内数值为相应检验统计量的p值；②*、**和***分别表示能够通过显著水平为10%、5%和1%的统计检验；③AR(1)、AR(2)代表Arellano-Bond的检验统计量，用于检验一次差分残差序列是否存在一阶、二阶自相关，其原假设为不存在自相关；④Hansen检验的原假设为所有工具变量是有效的。

2. 中部地区的回归结果

表4-28是中部地区的回归结果报告。表4-28列(3)显示，控制其他条件不变，MAR外部性在10%显著水平下为正的，Jacobs外部性系数并不显著，表明在中部地区MAR外部性对人均GDP增长有一定的促进作用，MAR外部性提高1个单位，人均GDP将会增长约1.35%，而Jacobs外部性对人均GDP增长的作用并不明显。在中部地区，物资资本累积、劳动力投入的回归结果均低于东部地区，但是政府干预对人均GDP增长的负影响要大于东部地区，说明政府支出规模不当实质上会扭曲生产要素的配置效率，极为不利于中部地区人均GDP增长。

关于交互项，表4-28列(4)、(5)报告结果显示，MAR外部性与城市规模交互项具有显著的负向效应，且通过了的1%极显著性检验，证实了中部地区的MAR外部性与城市规模之间的协同效应对人均GDP增长具有明显的负向效应，换言之，城市规模与专业化集聚之间在中部地区存在强的替代关系。

Jacobs外部性与城市规模交互项的估计系数为正,通过了10%水平的显著性检验,表明中部地区的多样化集聚经济与城市规模对人均GDP增长具有积极效应。随着"中部崛起"等国家战略的推进,中部地区大量承接沿海地区的产业转移,不断丰富和优化中部地区的产业集聚水平,集聚经济效应逐渐凸显,并且与本地区人口规模开始形成互动协调发展。

表4-28　中部地区回归结果

	(1) OLS	(2) FE	(3) DIF-GMM	(4) DIF-GMM	(5) DIF-GMM
LnY	0.908***	0.651***	0.792***	0.798***	0.712***
	(0.017)	(0.039)	(0.071)	(0.073)	(0.069)
MAR	0.002*	0.004	0.013*	0.015*	0.012*
	(0.001)	(0.003)	(0.007)	(0.008)	(0.006)
Jacobs	0.001	0.000	−0.003	−0.006	−0.010
	(0.004)	(0.008)	(0.013)	(0.012)	(0.012)
LnK	0.081***	0.321***	0.244***	0.237***	0.310***
	(0.015)	(0.040)	(0.075)	(0.078)	(0.067)
LnL	−0.004	0.013	0.073**	0.066*	0.039
	(0.008)	(0.020)	(0.037)	(0.037)	(0.035)
LnSCA	−0.080***	−0.312***	−0.486***	−0.506***	−0.443***
	(0.018)	(0.041)	(0.047)	(0.049)	(0.052)
FDI	−0.002*	−0.005	0.006	0.006	0.005
	(0.001)	(0.003)	(0.005)	(0.005)	(0.004)
INF	0.001	0.001	0.002	0.002	0.001
	(0.001)	(0.002)	(0.004)	(0.004)	(0.003)
GOV	−0.311***	−0.524***	−0.774***	−0.781***	−0.700***
	(0.101)	(0.118)	(0.172)	(0.171)	(0.176)

	(1)	(2)	(3)	(4)	(5)
	OLS	FE	DIF-GMM	DIF-GMM	DIF-GMM
LnEDU	0.003	0.011***	0.006*	0.007**	0.007**
	(0.003)	(0.003)	(0.003)	(0.003)	(0.003)
LnSCA*MAR				−0.294***	
				(0.113)	
LnSCA*Jacobs					0.182*
					(0.095)
_cons	0.126	−0.115			
	(0.089)	(0.286)			
AR(1)			[0.000]	[0.000]	[0.000]
AR(2)			[0.455]	[0.492]	[0.449]
Hansen			[0.987]	[0.986]	[1.000]
N	1009	1009	893	893	893

注:①( )内数值为异方差稳健标准误,[ ]内数值为相应检验统计量的p值;②*、**和***分别表示能够通过显著水平为10%、5%和1%的统计检验;③AR(1)、AR(2)代表Arellano-Bond的检验统计量,用于检验一次差分残差序列是否存在一阶、二阶自相关,其原假设为不存在自相关;④Hansen检验的原假设为所有工具变量是有效的。

3.西部地区的回归结果

表4-29是中部地区的回归结果报告。表4-29列(3)显示,控制其他条件不变,MAR外部性、Jacobs外部性的回归估计系数为正,但均不显著,表明专业化集聚、多样化集聚对西部地区人均GDP增长还未有明显的影响效应,其对西部地区经济发展的影响效应尚有待于进一步增强。在西部地区,资本存量、劳动力投入的估计系数均显著为正,但资本存量对人均GDP增长的促进作用要低于东部地区,劳动投入的影响效应与东部地区近似。外商直接投资对西部地区人均GDP增长的影响通过了10%显著水平的检验,可能的原因是外资企业对于西部地区农牧产品加工等初级产业的投资,对当地经济增长具有一定拉动作用。西部地区其他变量的参数估计多数为不显著。

关于交互项,表4-29列(4)、(5)报告结果显示,虽然MAR外部性与城市规模交互项、Jacobs外部性与城市规模交互项的估计系数为正,但其均表现为不显著,表明西部地区的专业化集聚、多样化集聚与城市规模之间对人均GDP增长并不存在显著的协同效应。可能的原因是,西部地区在人口规模、城市等级、产业规模发展等方面水平较低,集聚经济效应尚未形成。

表4-29　西部地区回归结果

	(1)	(2)	(3)	(4)	(5)
	OLS	FE	DIF-GMM	DIF-GMM	DIF-GMM
LnY	0.916***	0.784***	0.857***	0.840***	0.853***
	(0.017)	(0.045)	(0.061)	(0.063)	(0.063)
MAR	−0.002	−0.012	0.003	−0.007	0.003
	(0.003)	(0.007)	(0.009)	(0.008)	(0.009)
Jacobs	−0.001	0.003	0.007	0.011	0.003
	(0.006)	(0.009)	(0.014)	(0.014)	(0.016)
LnK	0.075***	0.187***	0.175***	0.216***	0.175**
	(0.018)	(0.050)	(0.067)	(0.074)	(0.071)
LnL	0.006	0.125***	0.191***	0.096	0.191***
	(0.012)	(0.026)	(0.067)	(0.070)	(0.068)
LnSCA	−0.082***	−0.276***	−0.541***	−0.534***	−0.527***
	(0.020)	(0.061)	(0.087)	(0.095)	(0.093)
FDI	0.001	−0.002	0.010*	0.002	0.008
	(0.002)	(0.004)	(0.005)	(0.006)	(0.006)
INF	0.001**	0.001	0.001	−0.001	0.000
	(0.001)	(0.001)	(0.001)	(0.001)	(0.002)
GOV	−0.060	0.040	−0.134	−0.072	−0.131
	(0.060)	(0.078)	(0.110)	(0.108)	(0.111)

续 表

	(1)	(2)	(3)	(4)	(5)
	OLS	FE	DIF-GMM	DIF-GMM	DIF-GMM
LnEDU	−0.003	0.002	−0.001	−0.001	−0.001
	(0.003)	(0.004)	(0.004)	(0.004)	(0.004)
LnSCA*MAR				0.031	
				(0.229)	
LnSCA*Jacobs					0.175
					(0.142)
_cons	0.123	0.263			
	(0.123)	(0.373)			
AR(1)			[0.000]	[0.000]	[0.000]
AR(2)			[0.106]	[0.113]	[0.112]
Hansen			[0.995]	[0.999]	[1.000]
N	681	681	602	602	602

注:①( )内数值为异方差稳健标准误,[ ]内数值为相应检验统计量的p值;②*、**和***分别表示能够通过显著水平为10%、5%和1%的统计检验;③AR(1)、AR(2)代表Arellano-Bond的检验统计量,用于检验一次差分残差序列是否存在一阶、二阶自相关,其原假设为不存在自相关;④Hansen检验的原假设为所有工具变量是有效的。

三、研究结论与政策建议

(一)研究结论

基于中国283个城市2003—2012年的样本数据,采用动态面板数据模型和DIF-GMM方法,尝试分析了产业集聚外部性、城市规模对经济发展的影响机制。与现有文献不同,这里不但研究了MAR外部性、Jacobs外部性对人均GDP的作用效应,还进一步引入了MAR外部性、Jacobs外部性与城市规模的交互项,实证结果表明:

(1)从全国范围来看,MAR外部性是有利于我国城市人均GDP的增长,Jacobs外部性在一定程度抑制了城市人均GDP的增长;MAR外部性与城市规模对城市人均GDP增长具有显著的负向协同效应,存在一定的替代关系,而Jacobs外部性与城市规模的协同效应为正向作用,存在一定的互补关系。

(2)从东中西部三大地区来看,MAR外部性仅有利于中部地区人均GDP的增长,其对东部、西部地区的影响效应并不显著,而Jacobs外部性仅抑制了东部地区人均GDP的增长,其对中西部地区的效应不明显;MAR外部性与城市规模交互项对东部城市地区人均GDP增长具有一定的促进作用,而在中部地区表现出强的负向协同作用,在西部地区的影响并不显著;Jacobs外部性与城市规模交互项仅在中部地区表现出一定的积极作用,而在东部、西部地区的协同效应不明显。

(3)资本存量和劳动力投入对我国城市地区人均GDP增长具有显著的促进作用,物质资本投资和劳动力投入依然是我国地方经济发展的主要驱动力。此外,人力资本对城市经济发展有一定的积极作用,而政府干预抑制了城市经济发展,丰富了现有相关文献的研究结论。

(二)政策建议

本研究从理论上阐述了产业外部性对地区经济发展的作用机制,得到了一系列具有理论意义和现实意义的研究结论。在我国经济发展进入"新常态"阶段下,本研究的结论蕴含着重要的政策含义:

(1)实现有效产业集聚,缩小区域发展差距。产业外部性对于地区经济发展有着重要作用。长期以来,我国主要依赖产业集聚来驱动经济增长的做法,尽管卓有成效,但也引致了经济效率低下等问题。在"新常态"阶段下,我国城市需要根据自身特征采取差异化的集聚方式,提高生产要素、资源的利用效率,改善技术效率,推动技术进步。在当前产业转移的大趋势下,中西部地区要采取有效的产业承接和产业集聚方式,缩小与东部地区的经济发展差距。

(2)减少政府干预,促进自由竞争。尽可能减少政府干预,充分发挥市场配置资源的优势,同时也要健全法律法规,充分保证市场上经济主体的公平竞争。根据Jacobs理论竞争能够促进产业间技术、知识、创新、信息等方面的交流,提高企业的技术创新能力和产业生产率。对于东部地区而言,要充分利用产业多样化所带来的外部经济优势,促进企业间的竞争效应,吸引和集聚更多的人力资本。对于中西部地区而言,政府要结合本地区规模特点,创造公平、合理的竞争环境,为产业发展提供良好的市场环境与发挥创新效应所需要的前提条件。

(3)地方政府在利用集聚经济提升地区经济增长时,应充分考虑地区规模、基础设施以及对外开放程度等因素。对东部地区而言,一方面,要继续扩大对外开放,积极鼓励外资企业研发创新的本土化,进一步健全和完善外资企业在国内设立研发机构的配套环境及政策支持;另一方面,结合本地资源禀赋优势与地区规模特点,在局部区域形成相对合理、完善的城市体系。对于中西部地区而言,一方面,积极健全市场体制,合理引进外商企业投资,同时,加大研发和人力资本的投入,提高外商企业技术溢出效应的吸收能力;另一方面,改善地区基础设施条件,合理配置资源,促进地区间创新思想的交流,最大程度地发挥知识溢出效应。

第五章　根植性和外部性共同作用下的
地区转型发展

第一节　根植性和外部性共同作用下
地区转型发展的机理和形式

一、根植性和外部性共同作用下的地区转型发展的机理

尽管企业根植性和空间外部性在理论上来源不同,但它们是产业集聚过程中"天生"的两个特征,共同作用于地区经济转型发展。从理论脉络上看,它们作用于地区转型发展的路径有两条:一是基于企业根植性方面。在实践中,企业根植性通过四个维度作用于地区(盖骁敏和张文娟,2010):经济根植,表现为企业对本地市场的依赖程度;制度根植,表现为企业对本地政策的依赖程度;社会根植,表现为企业对本地社会资本的依赖程度;文化根植,表现为本地文化对企业的影响程度。如上所述,随着企业根植于地区的程度深化和时间延长,地区获取的价值越多,地区产业品牌也越易于形成。二是基于空间外部性方面。产业集聚外部性包含金融外部性和技术外部性,在实践中,金融外部性可以通过市场潜力来体现,技术外部性通过技术创新能力和技术创新效率来体现(陈继勇和梁柱,2011)。通过企业集聚产生的金融外部性和技术外部性两方面来起作用,促进地区经济绩效提升和技术进步及创新涌现。

在产业集聚过程中,企业根植性与空间外部性相互作用、相互影响,其交

互关系表现为：①累积循环效应。即根植性和外部性越强的地区，其转型发展能力越强，而地区转型发展能力强的地区，往往也是根植性和外部性强的地区。②乘数效应。技术外部性由于其溢出效应的存在会放大金融外部性的影响，进而对地区转型发展产生更深的影响。其作用机理如图5-1所示。

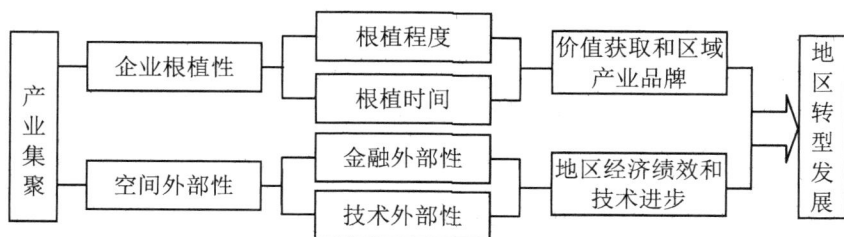

图5-1　企业根植性、空间外部性共同促进地区转型发展的机理

二、根植性和外部性共同作用下的地区转型发展的形式

企业根植性和空间外部性的共同作用，形成了不同的地区转型发展的形式。根据它们的组合关系，分为"强根植性，弱外部性""弱根植性，强外部性""弱根植性，弱外部性"和"强根植性，强外部性"四种形式，具体如图5-2。

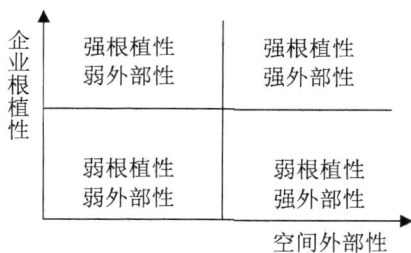

图5-2　企业根植性、空间外部性共同作用的地区转型发展的形式

形式一"强根植性，弱外部性"。这种形式的地区获取企业创造价值多，并且在长期发展中能形成区域产业品牌，地区可持续发展能力强。但该类地区的生产效率低或地区技术进步弱，影响地区转型发展。这种形式一般在本地化经济发育的地区表现典型。如浙江省一些地区形成的产业集群，很多是本地企业集聚，企业与地方政府、企业与企业之间形成了千丝万缕的社会联系，政府服务意识强，地方产业协作配套条件好，产业关联性强。但是其外部

性往往较弱,主要原因是产业集群中很多企业是劳动密集型企业,生产技术水平不高,技术外溢能力弱,影响地区转型发展。需要说明的是,近年来浙江省加大了工业结构调整和升级力度,部分劳动密集型企业外迁,空间外部性特别是技术外部性有增强趋势。

形式二"弱根植性,强外部性"。与形式一相反,这类地区企业根植性弱,但是地区生产效率或技术外溢强。产生强外部性有两种可能:第一种是金融外部性,集聚企业的关联效应好,企业生产成本下降或贸易成本低;第二种可能是技术外部性,企业技术外溢效应强,提高了地区生产效率和技术水平。

形式三"弱根植性,弱外部性"。这类地区的企业集聚缺少必要的经济和社会联系,企业容易受外界环境影响而转移到别的地区。同时,该地区多是传统的劳动密集型企业集聚,企业既享受不到规模经济的好处,也不能形成技术溢出,地区转型发展能力弱。如我国中西部一些地区大量承接劳动密集型产业,这些企业出于逐低成本而居的天性,很难根植于本地。同时这些企业的产业层次和技术水平低,地区企业之间技术外溢弱。

形式四"强根植性,强外部性"。表示该地区能获得较多的企业创造价值和形成区域产业品牌,企业在享受生产成本节约和贸易成本降低的同时,还能获得技术外溢的好处。从集群生产网络演化的角度看,这种形式是产业集聚的高级阶段,产业集聚作用于地区转型发展的能力强。

第二节　典型案例分析

一、强根植性,弱外部性

这种形式的企业地区获取企业创造的价值较多,且在长期发展中能够形成区域产业品牌,地区可持续发展能力强,但其生产效率或技术进步较弱,影响地区转型发展,一般在本地化经济发育的地区表现明显。

1.海宁皮革产业集群

海宁市地处杭嘉湖平原,是重要的湖羊繁育基地,为海宁皮革产业提供了丰富的原料,素有"家家户户羊满圈,张张羊皮晒铺面"之说。1926年,海宁创办了第一家现代工业的企业——海宁皮革厂。改革开放以后,依托中国海宁皮革城和海宁皮都科技工业园,海宁皮革产业走向集群化、规模化、网络化模式,而且一些企业规模也在逐渐扩大,如卡森、蒙努等相继成为皮革行业的领头羊。海宁市主要以制革、皮革沙发、皮装产业为主,在空间上由东向西形成一条制革、皮革服饰、皮革沙发到皮革箱包的产业带,其工业区集群特征也越发明显,皮革工业的产业规模、工艺技艺、经济指标和名牌数量等都位居国内前列,并逐步发挥出较强的产业集聚效应(郑亚莉等,2012)。

皮革产业作为海宁市的传统产业,一方面,依托自身的资本、资源加强招商引资,吸引大批知名企业入园发展,且强化相关的基础设施配套,如水资源利用、电力建设、交通设施等,在海宁市域内形成"二横七纵二连"的干线公路格局,对接大都市、长三角地区;另一方面,海宁皮革产业的发展得到关联产业的支撑与推动,形成了以制革、制鞋、皮革服装等为一体的主体行业。皮革机械、皮革化等一些配套行业的完整产业链,使得其建立以企业个体为中心的空间集聚、专业市场作为纽带和龙头企业带动效应等多层次的集聚网络(李宁,2009)。2009年后,海宁市将创造"海宁皮革"区域品牌作为首要目标,结合自身的区位优势,打造出以"制造业+旅游+文化"为特色的区域品牌。对内,海宁市政府积极为企业营造良好的品牌运作环境,以此来促进企业品牌化经营;对外,海宁市政府通过网站、报纸、举办相关公益活动等方式宣传区域品牌。由此,随着皮革产业的发展、企业之间的良性互动以及企业与当地政府的社会联系的不断加深、区域品牌的建立,皮革产业的产业关联性不断加强,海宁产业表现出较强的根植性。

但在海宁皮革产业集群中,仍存在一些企业规模不一、技术能力参差不齐的问题,影响着海宁皮革业的整体技术能力,无法形成整合优势,表现为较弱的外部性,制约地区转型发展。从企业结构看,海宁皮革工业企业大多数为中小企业。这些中小企业一方面促进了海宁地方经济和行业发展,另一方面创新能力弱、管理水平较低、品牌意识缺乏等问题也影响着企业自身发展,进一步影响皮革产业集群的发展。从发展阶段看,海宁产业中的多数企业之间形成的网络普遍是静态模式,处于这种网络中的企业表现为分工程度低、企业家同质性较高、缺乏创新能力、产品技术复杂程度低,企业间联系也是松散的。尽管这些企业可以实现外部规模经济和外部范围经济,但这种经济效益并不能维持长久,企业技术外溢能力较弱,必然会被更廉价的要素成本地区所替代。从获取全球价值链的能力看,全球皮革制造环节推动海宁皮革产业集群快速发展的同时,也在一定程度上限制了集群的进一步发展。由于全球皮革服装、制成品等属于劳动密集型产业链,其中的价值链大多数增值环节流入生产领域,原创设计、营销和品牌等环节对后来者形成较高的进入壁垒(陈董媛,2010),而海宁皮革产业集群则是以制造业环节嵌入全球价值链末端,相对而言缺乏核心技术,其获取全球价值链分工利益的能力有限。

2.扬州杭集牙刷产业集群

杭集镇位于扬州市东郊,传统手工业历史悠久,其中牙刷业制造最为突出,是中国近代牙刷制造业的发源地。早在清朝时期,扬州杭集镇就已经开始生产牙刷,从最早的牛骨做柄、马尾做毛的传统工艺,到改革开放后引入先进设备、技术、原材料来生产牙刷,杭集镇在经历国内外中高档产品的冲击后,先后成立了五爱刷业、明显牙刷等一批龙头企业,杭集镇逐步走向全球牙刷市场。2003年,杭集镇被授予"中国牙刷之都"的称号,且在国内市场占有率多达90%,在国外市场有"三分天下有其一"之说。国内外知名牙刷企业纷纷汇聚在此,如三笑集团、倍加洁牙刷等。

牙刷产业作为杭集镇的传统手工业,一方面,杭集镇的牙刷有着其他地区无法复制和模仿的牙刷产业氛围。在这种氛围下,本地企业在招收工人时较容易形成"马歇尔产业氛围"(朱英明,2005),从而使得牙刷生产及配套企业在杭集镇扎堆,随着扎堆现象程度的加深,其集聚效应会更加显著。另一方面,随着牙刷产业集聚的发展,企业生产牙刷的各个环节便成为市场竞争的主体,市场交易关系代替了企业内部管理,其产品的交易成本会大大降低。由此,企业通过建立网络关系进行交易,不仅降低了交易费用,还为企业间建立以合作与信任为基础的社会网络打下基础。同时,杭集镇不断地扩大龙头企业的规模和小企业的数量,先后创办了一大批牙刷生产及配套企业,与大量服务供应商、原料供应商等共同发展。杭集镇牙刷经过几十年的发展，其内部专业化程度达到较高水平，产业集群表现出较强的规模经济、范围经济和强大的溢出效应，提升了杭集镇的整体区域竞争力。而随着牙刷产业集群的深入发展，品牌建设成为杭集镇需要考虑的重要因素，并以"传统牙刷手工业+新型包装材料"为品牌打造思路，借助地理位置上的邻近性使得同行业的企业间通过联盟、合资合伙等方式进行买卖。随着牙刷产业的发展，杭集镇依托其区位条件、资源状况、经济基础、区域品牌的建立等，充分利用当地企业家精神和工商业传统，使得产业关联度日益加深，牙刷产业表现出较强的根植性。

但杭集镇牙刷产业集群仍面临着小企业资金规模受限、自主创新能力较弱等问题，表现为较弱的外部性，无法形成更强的集群优势，制约地区的转型发展。从企业自身发展来看，杭集镇牙刷产业以三笑等龙头企业为核心，而产业集群内的多数民营企业依赖于模仿和仿制，与龙头企业的技术相差甚远，技术外溢效应也不是很明显。同时，在自主技术创新上缺乏人才、资金或技术，从事的多为低端产品环节的创新，其产品附加值较低，企业生存所需的利润空间较小，且企业不注重冒险精神和人工素质商务培养，"小富即安"的思想使得企业缺乏高素质的技术和管理人才（秦兴方，2007）。杭集镇生产的洗漱用品占有较高的市场份额，但绝大部分属于低端产品，技术进步的动力不足影响牙刷产业的发展。从产业发展阶段来看，牙刷产业趋于同质性。随着人群口腔问题的蔓延，牙刷企业将得到迅猛的发展，只依赖低成本的传统手工业并不是长久之计，可能面临被取代的风险。需要说明的是，杭集镇近几年加大力度向产品创意研发和品牌营销延伸的道路发展，依托于中小企业集群的创新能力，向"扬州创造"模式转型，并积极引进国内知名品牌，围绕高端日化产品、化妆品、健康保健食品等方向加快发展，不断拓宽产业发展的空间。

二、弱根植性，弱外部性

该类地区的企业较容易受到外界环境影响，并且地区创新能力弱，企业集聚缺少必要的经济联系和社会联系，地区转型发展能力弱，一般在我国中西部地区表现明显。

1.富士康集团郑州科技园

河南省作为一个传统的农业省份,居民工资水平和消费水平较低,长期存在的不合理的产业结构,使得其通过投资和消费来拉动经济增长较为困难。河南省身居中原地区,经济外向度比较低,对外贸易发展水平和东部沿海地区差距较大。富士康郑州科技园项目引进后,相关配套产业和上下游厂商陆续进驻,河南省电子信息产业发展迅猛。但是,河南省的电子信息产业起步比较晚,产业基础薄弱,加上富士康集团过多依赖国外市场,其产品市场多元化程度较低,导致进出口贸易不平衡,较易产生贸易摩擦,难以有效抵御外贸波动的风险。尽管河南省是劳动力资源极其丰富的地区,但富士康集团的工作强度迫使本地的劳动力流动性较大,其劳动力成本优势有所削弱。对于河南省来说,富士康集团的迁入仍然是一副"良药",因而对其迁入后的就业、产业链配套、土地税收等方面,郑州市政府给出大幅度的政策优惠。如为了满足富士康集团的用工需求,政府将劳动力需求指标层层下分,作为基层政府部门绩效考核的标准,且本地企业无法同等享受给予富士康集团的优惠政策。由于本地企业与外迁企业处于不平等的竞争环境中,企业间无法快速建立长久的社会网络关系。

尽管富士康科技集团作为中国台湾鸿海精密集团的高新科技产业,拥有全球顶尖的IT客户群,但在产业链中总体处于中低端水平,主要通过低廉的劳动力来进行一些科技含量不高、附加值低的代工或加工环节,而郑州富士康集团主要参与的是苹果手机组装业务,也属于苹果公司产业层次和技术含量相对较低的层面,其车间基本是自动化、流水线式操作,极易被取代,其大部分利润被国外投资企业拿走,企业出现"产能充足,效益不高"的现象(赵雅琼,2017)。这导致本地企业既享受不到其产生的规模经济带来的好处,也无法涉及高技术制造层面,形成技术溢出效应。一旦苹果产品销售量受到诸如苹果手机对消费者的吸引力下降、更新换代产品的满意度降低、其他同行业手机发布的同期产品更能迎合消费者等因素的影响,或是苹果公司更换代工厂等都会使得富士康集团的产量、进出口量发生波动,极大地影响河南省的对外贸易经济,也使得产业集群带来的正向外部性减弱。

2.郑州纺织服装产业集群

郑州纺织产业园位于郑州市中原区。2006年,郑州市先后对郑州纺织机械厂、国棉三厂、河南第一纺器厂等国有企业进行改制、搬迁,对光大印染、梦舒雅、逸阳等本地民营企业整合外迁,并积极引进棉艺国际轻纺城、中国中部纺织服装品牌中心等面料市场,建成集纺织印染生产、服装加工、纺织机械制造、产品展示销售物流、生产生活服务和纺织信息中心为一体的纺织服装产业集群。随着河南省内外纺织服装企业的入驻,郑州纺织产业园区布局日渐合理,其产业链也逐渐完善,初步建立由恒天重工新纺机、惠众实业等企业为主体,由中间机构作为依托的综合性纺织服装产业基地。

一方面,郑州纺织服装产业集群内部大部分是中小企业,只有少数企业有自己的品牌和目标市场客户,其他纺织加工企业基本停留在家庭作坊阶段,集群内的产品线较单一,并且纺织服装业一直集中在纺纱、织布、服装加工领域。对于印染领域来说,这些企业在技术、资金各方面实力都是较差的,使得河南省70%的布匹运送到东部沿海地区进行印染,然后再将成品布料购买回来,此过程增加了纺织服装的生产成本。尽管一些转移来的纺织服装企业降低了河南省服装业的生产成本,但因初始原料生产加工所带来的废气、废料、废水等也制约着河南省的发展。另外,河南生产的女裤布料大多来自浙江地区,外加面料开发缺乏设计风格,如绣花厂较少、成本高等问题,导致集群内的产业链条较松散,本地企业不能享受到纺织服装所产生的规模经济效应,也无法长久扎根于集群区内,表现为较弱的根植性。

另一方面,郑州纺织服装产业虽然已初步形成较为完善的产业链,但入驻河南省的外来企业中,多数仍是将生产加工等低附加值环节转移过来,而核心设计的研发创造留在本地,技术溢出效应不明显,地区转型发展能力较弱。因此,河南省更多地依靠低成本、丰富的资源、充足的劳动力来推动其经济发展。由于本地纺织服装企业研发投入较少,导致其自主研发创新能力普遍不足,纺织服装企业真正能够投入研发的费用极少,只有少数大企业拥有自身的研发机构和技术开发力量,且研发水平有限。新产品开发速度缓慢,尤其是新纤维和新面料的研发和推广,跟同行业相比相差甚远,许多企业仍采用低价竞争、薄利多销的发展方式,企业总体效益、产品附加值较低,缺乏市场竞争力。另外,由于缺乏具有自主知识产权的核心技术,许多纺织服装企业在工艺技术上长期处于跟随、模仿阶段,这种复制模式的企业会因生产成本过高、管理困难、风险不易转嫁等问题,随时面临被转移企业取代的风险,地区间的技术外溢性较弱,纺织服装业亦较难根植于本地区。

三、弱根植性,强外部性

该类地区企业根植性弱,但地区生产效率或技术外溢强,强外部性来自金融外部性和技术外部性作用,一般在广东省东莞地区表现明显。

1.东莞玩具产业集群

20世纪80年代,世界玩具制造业主要分布在中国香港,但经济一体化、改革开放等政策促使玩具产业价值链条垂直解体,东莞市依靠明显的区位优势,承接了香港的玩具制造业,一些劳动密集型企业也纷纷向东莞迁移,形成香港接单、东莞生产,再到香港销售的"前店后厂"区域分工模式。东莞市凭借发达的人际关系网络加深了与香港的合作关系,外加东莞市充分利用大陆丰富的廉价劳动力资源,一些中西部地区劳动力也被吸引到此,形成了"劳动力池"效应,使得东莞迅速发展成为世界最重要的玩具生产基地。

一方面,东莞市集中了全国三分之一的玩具生产厂商以及众多的相关产业企业,这些生产商大多来自香港,拥有共同社会文化背景、业务往来历史等,使得更能吸引其他企业共同建立销售平台,给其带来显著的外部经济。企业通过共建的销售平台,可以采购到较低价格的原材料,节约运输成本,同时还促进原材料的不断供应,其集聚的正外部效应使得更多的企业进入东莞地区,市场容量不断增大,其分工也越发细致,中间产品的可获得性增加,企业也享受到外部范围经济带来的好处。例如,东莞市通过线上大数据信息提高研发、订货准确度,采用"线上+线下"新零售销售模式开拓新市场渠道,积极探索"传统制造企业+互联网"转型路径,享受外部经济带来的好处。近年来,东莞一些玩具企业借助大量厂商云集、世界客户集中等条件,推出自己的特色品牌和先进产品,如龙昌研发出的遥控车和遥控飞机系列产品,其技术实力在国内同类产品中也是较强的(李传志,2010)。另外,东莞的玩具制造产业还在不断扩展产业分工,外贸公司数还在不断增加,代理采购原材料、配件和机械设备的渠道进一步扩展。随着辐射能力不断增强,一些外贸公司将产业扩展到服装、鞋业等产业,带动东莞玩具制造业和本地其他产业的发展,外加借助IT产业基地的优势,为东莞玩具产业提供了较好的产业技术支持,其玩具制造产业的外部性不断加强。

2.惠东制鞋产业集群

广东省惠东县制鞋业经过20多年的发展,已成为我国女鞋的重要生产基地,主要集中在黄埠、吉隆、平山、大岭四个镇,其各镇制鞋各有特色。其中,黄埠镇是惠东制鞋业的发源地,已被评为广东制鞋专业名镇;吉隆镇则是注重工业园区的建设,其吉隆制鞋工业园区为制鞋业发展奠定了基础;平山镇拥有制鞋私营企业上百家,综合贸易市场众多,是粤东的服装、鞋业批发市场,也被誉为"全国文明集贸市场"之一;而大岭镇的制鞋业发展较晚,主要以对外加工经济为主,由起初的几家企业发展到现在的上百家企业,形成了集鞋材、制鞋、销售为一体化的产业链条,成为全县鞋业的后起之秀(郭萍,2008)。

一方面,惠东制鞋业除了大量制鞋企业外,还有很多鞋机、鞋饰、鞋底以及皮革生产企业,在不断发展过程中形成了比较专业化分工的生产网络组织,这种生产网络组织不仅带来更专业化的分工水平,还使得大量制鞋企业集中在此,产生较为广泛的规模经济效应。例如,集群内制鞋业可以共同利用基础设施、服务设施、公共信息资源等;企业间可以通过缩短运输距离来降低运输成本。由于惠东制鞋产业集群内企业分工比较灵活、精细,其企业内化分工趋于外部化,使得企业实现内部经济,同时集群内企业又联合规模化生产和服务,为每个企业提供了外部经济,如在黄埠、吉隆两镇集中了全县70%以上的鞋业,并在北京、上海、天津等100多个国内大中城市以及国外设立销售点。这样的模式不仅提高了企业的经济效率,还使得企业易集中在核心经济活动上,从而形成企业的核心竞争能力。惠东制鞋产业的外部性不断增强,且利用空间距离较近优势,加强企业间的密切合作,更好地促进了企业间新观念、新知识、新技术的传播,由此形成知识溢出效应,极大地提高了企业的研发和创新能力。

四、强根植性，强外部性

该地区企业能够较多的创造价值和形成区域产业品牌，且企业在节约生产成本的同时，还能获得技术外溢带来的好处，地区转型发展能力强，在广东省深圳市表现明显。

1.深圳电子商务产业集群

深圳作为中国南部海滨城市，地处广东省南部、珠江口东岸，西濒珠江口，南与香港相连，北与东莞市、惠州市接壤，独特的区位优势使得深圳市企业能够获得较多的创造价值，并有利于形成区域品牌，如深圳电子商务产业集群。深圳市是中国首个电子商务示范城市，已成为全国电子商务发展最快的城市之一，其交易额也位居全国前列，如从2001年的20亿元到2011年的2600亿，深圳市电子商务产业集群的影响力有目共睹。经过20多年的发展，已初步形成了计算机、程控交换机、电话机、专用集成电路设计、光电子、视听产业、网络系统集成和软件八大产业基地，成为拉动深圳经济增长的主要力量。

一方面，深圳市从20世纪90年代的电子信息产业集聚至今，已构建以高新技术产业、金融业、物流业、文化产业为支柱的现代化产业体系，为深圳电子商务产业集聚发展奠定了基础。例如，罗湖互联网产业园、福田国际电子商务产业园和蛇口网谷电子商务集聚区内拥有高端装备制造产业、优秀的企业和机构、高层次技术人才，在移动互联网、电子商务和物联网等领域，通过掌握关键技术来实现创新驱动，带动电子商务产业园区和深圳电子商务的发展，产生了较强的技术外溢作用。并且，深圳市软件信息产业逐渐步入高品质化、高端化、高附加值化，产业结构不断优化，如富士康和比亚迪，除了给客户提供产品组装和制造外，还根据客户的需要提供开发、设计、规划等服务（汪淼和周其明，2016）。一些创新企业通过自主品牌和自主创新能力获取高产品附加值，将其组装和制造环节外包给具有成本优势的企业，使得产品价值链的上下游都得到延伸拓展，其技术外溢效应也越发明显。同时，深圳市拥有着国家高技术产业基地——深圳市高新技术产业园区，区内包含了国家集成电路设计基地、深圳软件园以及人才、技术、知识密集型园区等，电子信息产业依托园区发挥集聚效应推动产业走向高端化,使得其表现为较强的外部性。

另一方面,深圳市是全国人口较为年轻的城市之一,其互联网普及程度和网络消费水平均位于全国榜首,依托自身的位置优势和强大的经济基础,为电子商务产业集群的发展创造了环境,且深圳市产业经历了劳动密集型、知识密集型和技术密集型三代的演化,是一个现代工业化城市,拥有优秀的现代化工业产业集群,这为电子商务创业提供了好的基础。深圳拥有多个本土化创新产业群,随着电子商务产业集群的深入发展,规模不断趋于专业化,有的企业还自发形成了产业链,并形成基于产业链的集群区域,如华强北电子交易市场等在发展中自发形成的基于产业链的集聚区,以嵌入式的方式扎根在本地(杨子武,2016)。与此同时,当地政府也给予了电子商务发展的大力支持,如帮助本地企业建立电子商务园,并提供优质的互联网、数据备份等服务,吸引大批企业和机构入驻园区,形成集聚现象,促进深圳电子商务产业集群的发展。这种嵌入式的产业集聚,使得企业间不断地通过相互交流、创新来获得竞争优势,有利于企业间的合作和形成较强的根植性效应。

2.中关村软件产业集群

中关村位于北京市,是我国高新技术发展中心,在我国软件产业发展中占据主要地位,被称为"中国的硅谷"。中关村作为中国IT产业园区的发源地,拥有我国第一个国家级高新技术开发区,且是全国IT产业最发达的基地,也是最具规模的"中国科学城",在国内和国际范围内有着重要的地位。中关村软件产业集群从最初的"电子一条街"发展到今天的中关村科技园区,并在2001年后其产业集群步入成熟阶段,成为我国软件产业园区最具特色的高新产业科技地带,拥有着其他地区无法比拟的优势。

一方面,中关村软件产业在发展过程中,原来的小企业逐渐发展为中型企业,一些国际知名企业纷纷入驻产业园区,提高了国际化程度,如微软、摩托罗拉等大型软件企业相继入驻,我国内陆的机构和附属企业也相继跟随进入产业园区,带动了整个区域内部软件产业的振兴,实现了规模经济,使得中关村软件产业达到一定的产业集聚水平。而中关村软件产业集群周边环境及支持产业,也为其根植中关村奠定了基础(马文成和田杰,2012)。在周边环境方面,各大研究院所坐落于此,如清华大学、北京大学等,为软件产业发展提供了科技创新环境。在交通运输方面,公共交通布局的规划与完善为中关村软件产业发展提供了有益的商贸条件,也大大降低了企业的贸易成本。在金融支持方面,一些金融企业、金融机构、国有银行云集于此,如中国人民银行、中国银行等,为其提供了良好的融资环境。在制造业方面,产业园区涉及电子通讯装备制造、专用设备制造等制造业,企业在生产硬件过程中不仅节约了成本,还为企业发展提供了支持,使得软件产业集群的强根植性越发明显。

另一方面,中关村软件产业集聚属于"自上而下"的形式,当地政府通过优惠的政策吸引了众多的相关电子信息企业,从而形成外部规模经济的信息产业集群,而随着中关村软件产业的发展,逐渐形成"一园为中心、多园区环绕"的产业模式,成为具有竞争优势的软件产业基地。园区能够为中关村软件产业提供研发、扩散以及信息交流等功能,这些功能不仅为其发展提供技术,也为软件产品提供了贸易平台。而且,中关村软件园中的企业大多为行业的领军企业,如百度、腾讯等,这为软件产业集群的发展提供了技术创新力,附近涵盖的众多研究院所和高校,也为中关村软件集群发展提供了充分的人才保障(顾凯,2011)。企业除了依靠自身的核心技术,还要依赖高校人才和科研机构的不断创新实力。据统计,每年有近五万的学生进入中关村工作,中关村软件企业的科研能力呈直线上升趋势,为软件产业集群发展提供了高质量的智力支持,也为中关村软件产业集群发展吸引、培养高素质人才起到推动作用。在中关村软件园区不断发展过程中,还注重引入国外大型知名企业,在人才互动和信息交互过程中,软件企业不断突破自身的研发创新能力,获得技术外溢的好处。由此企业能够源源不断地创造价值,有利于形成区域性品牌,使得中关村地区转型发展的能力不断加强。

第三节　根植性和外部性共同作用下的地区转型发展路径

可以看出,对于地方政府来说,要利用产业集聚促进地区经济转型发展,必须从产业集聚的原生性特征出发,分析本地区发展过程中存在的问题,制定相应的发展对策和措施。

一、基于原生性特征明确地区的发展阶段及问题

根据企业根植性、空间外部性及其共同作用的关系,分析地区发展属于哪一种方式,确定发展的问题是企业根植性方面还是空间外部性方面,再深入剖析地区在根植性内部和外部性内部存在的问题,制定相应的发展策略。

一般而言,加强企业根植性首先要增加地区粘性,可以从增强地区经济粘性、制度粘性、社会粘性和文化粘性入手。一是增强地区经济粘性。加强基础设施建设,创造良好的宜业宜居环境,让企业有较强的空间意愿。完善地区配套产业链,提升企业的配套能力和协作能力,强化企业与企业、企业与地方的联系,形成地方生产网络,使地区形成自持性增长(self-sustaining growth),即造血功能,成为自主型区域而不是依赖型区域。二是增强地区制度粘性。通过制定合理的政策性规定,让企业体验到政策的合理、合法、合规。通过制定与时俱进、办事高效的管理体制和建章立制、依法办事的保障约束机制,营造有利于企业投资的创业环境和发展成长的人才环境等。三是增强地区社会粘性。加强社会资本建设,强化互信关系。通过建立合适的平台,促进地区内技能人员的流动和新知识的传播,以及科研机构的创新成果在本地企业的应用,产生更多的新知识和新技能,形成知识溢出优势和协同效应优势。四是增强地区文化粘性。在地方传统文化的基础上,要适应经济发展需要,兼容并蓄外来文化,塑造包容性的地方文化。同时要加强诚信文化建设,如提升政府部门在投资者、企业和市民中的诚信形象,企业与市民的诚信行为等。

在空间外部性方面,一是在强化地区产业关联的同时,加强人力资源培训和人才市场建设,引进高层次人才,既可以提高劳动力市场效率,又可以为提升企业创新能力服务。二是促进集聚区内技术、知识、创新、信息等方面的交流。设立多种空间场所和渠道,给集聚区内企业家、技术人员和员工之间提供交流的可能,让他们在交流中传递默会知识,产生创新的源泉,创造良好的学习氛围。三是鼓励和支持企业加强技术研发,走自主品牌建设道路。改

变企业单纯的技术模仿现象,给企业设立必要的技术改造支持,促进传统产业转型升级。鼓励企业加强研发,在提升产品附加值的同时,建设自己的品牌,走高端发展道路。

二、重视地区发展模式的差异

在地区发展方式演进过程中,要充分考虑地区规模、基础设施以及对外开放等因素的地区差异。对我国东部地区而言,要积极鼓励外资企业研发创新的本土化,健全和完善外资企业在国内设立研发机构的配套环境及政策支持。在先发优势的基础上,大力发展高新技术产业和战略性新兴产业,提升产业技术水平和全球价值链高度。对我国中西部地区而言,要积极健全市场体制,合理引进外商企业投资,同时加大研发和人力资本的投入,提高对外商企业技术溢出效应的吸收能力。要结合本地资源禀赋优势,改善地区基础设施条件,合理配置资源,提升资源配置效率。在积极承接东部地区转移的同时,要注重选择那些技术含量高、经济效益好的产业,更要注重培育本地区的生产性服务业。

三、创新产业集聚模式

要从产业集聚的本质入手,突破传统的产业集聚理念,创新产业集聚模式。在产业定位上,要综合考虑地区的历史特征和发展现状,做好产业发展规划和产业选择,并进行广泛深入地论证;在集聚功能上,要明确产业集聚的目的是促进地区经济社会协调发展,不是为集聚而集聚。因此,需要有效、有机结合当地的生态、生活和生产,发挥地区空间优势,形成集产业发展、城市建设和文化传承于一体的综合功能区。在集聚空间形式上,不可盲目跟风,要根据自身特点,建立镇域集聚区、县域集聚区或跨界集聚区等不同尺度和形式的集聚区,以充分发挥集聚效应,有效促进地区转型发展。

第六章　基于根植性和外部性的
地区转型发展形式的演化

第一节　空间演化

一、理论模型

"强根植性,弱外部性""弱根植性,强外部性""弱根植性,弱外部性"和"强根植性,强外部性"这四种集聚形式代表了不同类型地区的经济转型发展,它们处于不同的发展阶梯上,如图6-1所示。

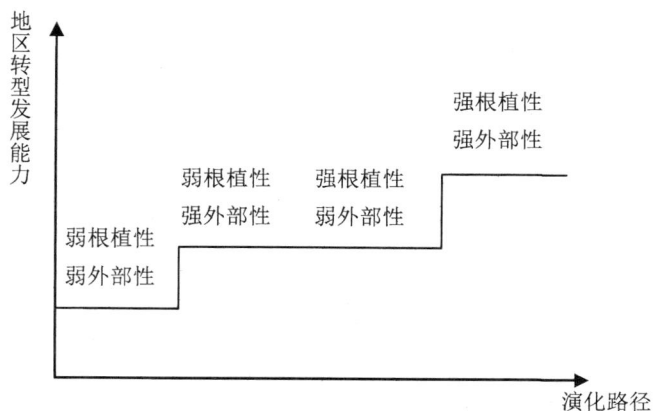

图6-1　基于企业根植性和空间外部性的地区转型发展形式的空间演化

处于最低阶梯的是"弱根植性,弱外部性"形式,表明地区转型发展能力最弱。处于最高阶梯的是"强根植性,强外部性"形式,表明地区转型发展能力最强。另外两个处于中间阶梯,表明地区转型发展能力介于两者中间。"弱根植性,弱外部性"形式可以通过加强外部性或根植性,向第二阶梯演进。同样,第二阶梯可以通过强化外部性或根植性向第三阶梯演进。

二、产业集聚模式的演化与升级

产业集聚是经济活动空间的必然产物,但是在不同的时间和空间,产业集聚的内容和特征不一样,形成了不同的产业集聚模式。按照形成机制的不同,产业集聚的模式分为内生型、外生型两种模式,两种模式具有不同的演化特征。

(一)内生型集聚模式的演化与升级

内生型集聚是指企业主要依靠本地力量,并深深根植于本地环境中,形成的一种发展模式。内生型集聚的特点是地方根植性强。在发展过程中,由于吸引并利用外来的技术、资金或管理等要素,其外部性可能会发生变化。下面以福建省的泉州模式为例加以介绍。

泉州模式建立在社会主义市场经济体制的基础之上,因地制宜、充分利用本地资源发挥"小、专、活、广、洋"的特点和多种经济形式并举的区域经济发展模式,包括股份制经济形式、外向型市场经济、侨洋式生产条件、灵活的经济管理和五缘经济网络(苏东水,1999)。改革开放以后,泉州模式的特征是就地办厂、离土不离乡,在空间格局上形成了一村一品、一镇一业的专业村和专业镇产业集聚形式。泉州民营企业大多规模较小,多数以家族企业为主。20世纪90年代后,集聚形态发生了变化。以晋江鞋业产业集群为例,当时晋江鞋业生产区发生了两个重要改变:一是在当地政府扶持下,部分企业开始吸引外资、引进先进设备、增资扩营;二是随着产业水平的提升,一些企业开始通过华侨关系,为国际知名企业代工,开始了OEM的生产方式(林竞君,2005)。例如,安踏、寰球等实力型企业通过社会关系和市场关系,以OEM形式嵌入Nike、Adidas等国际知名企业的全球价值链,参与国际分工合作,并同时接受国际先进地区和企业的知识与技术转移,技术外部性得到了一定程度的增强。这一时期,泉州模式由"根植性强,外部性一般"升级到"根植性强,外部性较强"。

泉州主要产业集群分布为:①纺织服装集群主要分布在市区以及晋江市、石狮市、南安市;②鞋业集群主要集中在晋江市;③建陶石材集群主要分布在晋江市、南安市、惠安县等地;④工艺品集群主要分布在丰泽区、晋江市、石狮市、惠安县、安溪县、德化县等地;⑤水暖器材产业集群主要分布在南安市的仑苍、英都、溪美、东田等乡镇或街道;⑥石化产业集群主要分布在泉港区。20世纪末至21世纪初,泉州品牌经济得到了较大发展,2008年泉州入选"中国品牌之都"。与此同时,泉州很多集群企业都建立了全国化产销网络、国际性贸易网络和开放式创新网络,集群内的分工体系和组织功能都逐渐健全和完善,其中最有代表性的就是鞋服业集群。这一时期晋江鞋业集群内已有千余家鞋机、鞋材和鞋模等原辅料供应商,形成了配套完善的产业生态链,内结网区域产业组织系统步入成熟。这些效应标志着泉州模式的根植性得到了进一步增强。从演化过程看,泉州模式由"根植性强,外部性一般"向"根植性强,外部性强"的形式升级。

(二)外源型集聚模式的演化与升级

外源性集聚是指在地区经济发展过程中,起主导力量的是外来企业。这些企业与地区关系特别是经济联系不密切,表现为根植性弱的特征,如广东省东莞市。在20世纪90年代初,东莞市主要以承接台湾、香港为主的东南亚企业梯次转移为主。东莞市的企业主体以港台企业为主,企业的出口商品以机电产品为主,生产方式以劳动密集型为主。2000年以来,由于长三角地区迅速崛起,环渤海经济圈快速发展,再加上西部大开发的进一步加强,原来在东莞等珠三角地区工作的外来民工向华东、华北或东北等其他地区分流,使东莞、深圳等珠三角城市出现"用工荒"和"招工难"现象。根植性不强的特点使得东莞市的企业不断外移,东莞经济面临转型升级的迫切需求。

近年来,东莞市政府转变发展思路,提出了"经济社会双转型"的发展战略,明确了推动升级转型的思路:核心是延伸加工贸易产业链,实现企业发展形态由"生产车间"向"企业总部"的战略性转变。主要有两个方向:一是推动企业升级,帮助加工贸易企业提升技术,开展研发设计从而承接更高附加值的加工制造,提升加工贸易产品的附加值,实现产品加工由低向高发展。二是推动企业转型,帮助有条件的加工贸易企业在加工制造的基础上,尝试创立自主品牌,从加工生产的经营模式逐步进入自主品牌营销(李斌雄,2011)。对传统加工制造企业,注重通过科技创新转型升级:一是引导企业进行数字化改造;二是引导企业优化设备工艺生产线;三是引导企业用新材料替代传统材料;四是引导企业研发生产技术含量高、市场潜力大和产业关联度强的新产品;五是引导企业扩大市场战略视野,创建自有品牌,培育一批自主创新的本土高新技术明星企业,同时也带动数百家来料加工企业转为科技创新型企业。在生产组织方式上,从"生产"到"设计+生产",甚至到"设计+生产+销售",由贴牌生产商(OEM)转型为设计生产商(ODM),进而发展为品牌生产商(OBM)(罗卫国和袁明仁,2012)。东莞市的产业集聚模式获得了跃升,表现为从"弱根植性,弱外部性"升级为"强根植性,强外部性"。

在此背景下,东莞市在短短数年内形成了多种转型升级模式:一是向产业链高端环节升级的模式。如松山湖科技园专门打造台湾高科技园,这里引入的不再是20多年前进入东莞单纯设置工厂的IT产品生产企业,而是引进台湾电子科技企业研发总部及现代服务产业。台湾高科技园搭好平台后,引进了智原科技、胜华科技、中盟光电等一批台湾"明星企业"前来入驻,总投资额超过20亿元人民币。二是总部经济模式。东莞市至少形成了5个以上的总部基地,包括松山湖总部一号、厚街世界鞋业(亚洲)总部基地、南城总部经济、莞城汇峰中心总部基地。

第二节　时间演化

一、理论模型

就单个地区来说,在空间发展形式的演进过程中,企业在加强地区根植性的同时,要加强外界联系;形成开放网络,否则有可能在某时间节点形成路径锁定,阻碍地区和企业与外界的交流,不利于企业价值创造和地区产业品牌的形成,地区发展曲线向右下方倾斜,对地区转型发展产生不利影响。在空间外部性方面,一些企业专注于研发,形成技术外溢,从整体上提高地区技术水平。但是,由于研发的高成本特点和长周期性,使得一些企业专注于产品模仿或技术"山寨"化,进一步导致专注研发的企业利润减少,并在低技术产品市场出现过度竞争现象,从而产生负外部性,地区发展曲线向右下方倾斜,影响地区正常转型发展,如图6-2所示。

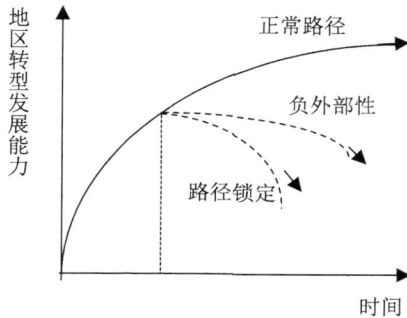

图6-2　基于企业根植性和空间外部性的地区转型发展形式的时间演化

二、根植性变化下的地区转型发展案例

(一)美国128公路产业集群根植性的演化

128公路位于美国东北重镇马萨诸塞州的首府——波士顿,一条半环形高速公路,长108千米,距市中心16千米。128公路沿线两侧聚集了数以千计的从事高技术研究、发展和生产的机构和公司,共同组成128公路高技术区,成为世界上知名的电子工业中心。128公路高技术聚集区与麻省理工学院、哈佛大学相连接,大学教授、研究人员乃至在校学生创办高科技企业、以技术入股等现象频繁,对128公路地区的科技发展产生重大影响。

128公路高科技密集带的真正形成是在第二次世界大战后。在美国联邦政府的扶持下,128公路在20世纪50年代经济迅速增长,60年代达到了经济发展的高潮,70年代初波士顿128公路地区的企业一度达到近千家,成为美国首屈一指的电子产品创新中心。但是,70年代的美国"经济大萧条"对128

公路地区经济造成了巨大冲击,而到70年代末,美国把军备储备提上日程,美国国防部对128公路地区的大学等研究机构及企业投入了大量资金,进行军事技术及产品的研发及生产,128公路重新恢复生机。冷战结束后,美国政府的军品订单需求和军事开支减少,使得整个区域失去财政支持。需求的下降,加上其他新兴高新产业区的市场冲击,128公路地区市场日渐萎缩,最终导致其严重衰退(霍苗等,2011)。

128公路在形成及发展过程中根植性高,路径依赖性强。128公路科技园一直致力于建立并保持与政府之间的密切关系,长期以来军事工业生产占主导地位,国防科研基金和军事合同是该地区经济增长的主要驱动力。这种面向单一需求和依赖特定市场的技术创新不可避免地具有依赖性。然而,根植性在集群发展过程中带来的集群内企业的路径依赖、区域锁定不但会阻碍集群的发展,更会带来产业集群的衰退。企业面向市场求生存、求发展的意识淡薄,专注于大批军用订单,而忽视了民用产品的开发和销售。由于依赖程度过深,该地区缺乏自我生存机制和造血功能,远不能适应市场的变化需求(比如该地区半导体产业和计算机产业的由盛转衰)。

自给自足的企业模式,使企业之间缺少交流与合作,集群内的产业链单一。一方面,128公路产业集群内的企业大多为老牌公司,如Honeywell、Clevite等,由于大企业内部组织结构具备相对的完整性,采取独立的经济方式和自给自足的组织结构,往往着力于建立"小而全"及垂直一体化的组织架构,偏重于在企业内部进行技术改进(陈伟和韩其峰,2006),和其他企业的交流与合作较少,企业间联系较稀疏,甚至处于封闭状态,使得企业之间不能结成专业化分工协作的企业网络。另一方面,受到新英格兰传统的影响,128公路地区的传统文化呈现出等级森严、僵化、保守等特点,与外部企业沟通时强调保密,与顾客和供应商也只是水平式沟通(罗良忠和史占中,2003),这些原因限制了企业间知识和信息的流动,迫使集群内企业之间变成独立存在的个体。128公路产业集群在不断发展过程中,与当地社会网络逐渐脱离,导致与当地的企业无法形成密集的开放网络。企业之间缺少交流与合作,在寻求创新方面难以突破。由于集群内企业的产业链单一,在外界的市场需求发生变化时,企业生产技术方式不能及时的变革,最终导致产业集群走上衰退之路。

(二)底特律汽车产业集群根植性的演化

建成于20世纪初的美国底特律汽车产业集群,是大型工业产业集群的代表,其发展的兴衰过程不仅影响底特律地区经济走势,也影响了整个美国汽车产业的发展。20世纪初,底特律凭借其优越的地理位置、独厚的资源条件吸引了百家不同规模的汽车厂入驻。1929年,底特律汽车产业集群生产了世界上76%的汽车,底特律逐渐成为一个汽车王国。二战期间,军工产品的大量需求使底特律汽车产业集群走向鼎盛,20世纪40年代,底特律制造业就业率提高了40%,使底特律成为军事工业综合体之一。然而,20世纪后半期,由于国际市场环境的变化,底特律集群逐渐呈现衰退的发展趋势,21世纪初三大汽车公司(通用、福特和克莱斯勒)的产量和市场份额逐年下降,总人口也从20世纪50年代的200万降到2010年的71万,昔日的繁华都市变成了一座废弃的城市(李雪,2015)。

底特律本地的资源禀赋及产业环境,为汽车产业集群的形成和发展提供了动力。汽车产业的发展与自然资源和基础产业息息相关,底特律凭借其便利的交通运输条件,将汽车企业所需的生产要素源源不断地输入到集群内部,将产品输出至世界各地,对集群的形成和发展具有极大的促进作用。随着三大汽车企业(通用、福特和克莱斯勒)的入驻,吸引了大量的配套企业、金融机构以及劳动力,逐渐形成了完整的产业聚集网络。三大汽车公司对市场的垄断效应,使得资金、技术、市场、劳动力等生产要素集中在三大轴心企业,加深了整个地区的经济结构对轴心企业的依赖性,同时,轴心企业也会对这些生产要素和配套产业产生依赖性。这种根植性在集群发展初期,会促进产业集聚的形成。

随着根植性的不断加强,产业集聚效应也愈加明显,这也是导致底特律汽车产业从繁荣走向衰落的重要原因。首先,由于汽车产业的过度集中,三大汽车巨头陷入了公司战略趋同、创新能力不足的怪圈,市场反应迟缓、适应能力不够。底特律集群内的汽车制造商因路径依赖导致其结构僵化,转型成本巨大,当有外部冲击时不能够及时做出产业调整。其次,集群封闭性较高且缺乏创新,集群内部企业之间的封闭性使企业间很难进行技术交流与合作、信息共享等,底特律汽车制造商因路径依赖引起"技术锁定",使其不愿采用新技术、新工艺，以致产业结构过于单一，在汽车产业全球分工体系中逐渐失去传统比较优势，未能实现产业转型发展，也未能形成新的产业集聚，出现产业空心化现象。最后，底特律汽车产业严重依赖金融业，通过给消费者提供贷款购买他们的汽车，提高销售量，当经济增速下滑时，金融市场不景气，金融业给消费者的贷款额度降低，消费者对汽车的需求自然下降，这也是导致底特律汽车产业衰败的原因之一。综上所述，底特律的兴衰主要是因根植性引起的路径依赖，从而带来的锁定效应致使底特律汽车产业集群难以转型升级，缺乏创新、路径单一、成本过高、结构僵化最终导致了底特律的破产（林柯和吕想科，2015）。

（三）温州产业集群根植性的演化

温州市早在20世纪80年代就形成了颇具规模的十大专业市场，而且围绕它们形成了许多相关的产业集群。历经多年的发展，温州市工业制成品在国内市场占有率位列第一，特色园区超过150个，总投资超过1万亿元，标准厂房建设投资超过250亿元，总面积超过1亿平方米。产业集群种类主要有鞋革、低压电器、机械、泵阀、汽摩配、印刷包装、服装、眼镜等，主要集中在以城镇为中心的、沿104国道线和330国道线分布的带状地区，同时许多产业集群的辐射范围到达了周边山区。

在20世纪八九十年代，地方的小企业如雨后春笋般涌现。这些小企业主要是家族企业，生产的商品多是生产规模、技术含量和运输成本都较低的商品。由于温州地域文化及温州人的文化禀性、社会网络和地区组织等因素，集群的扩展几乎是基于族群的"复制演进"过程，在此过程中集群根植于族群之中（顾慧君和王文平，2007）。并且，温州人对经济环境的变化表现出"船小好掉头"的态度，这种文化根植性在温州产业集群兴起之初表现出了良好的促进作用。经过多年的发展，温州的产业集群已经趋于成熟，现在的增长速度已不如当年，温州有些曾经闻名于世的企业品牌也开始出现衰落迹象。也正是由于温州当地人普遍存在"宁做鸡头不做凤尾"的思想，不愿与其他经营者进行合作或做其他大企业的合作伙伴，未能与外界形成良好的关系网络，从而在一定程度上束缚了当地企业的发展（王静华，2007）。

组织惯性发展形成的根植性也是导致温州产业集群衰退的原因。温州的企业大多是以家庭为单位的家族企业,生产规模比较小,很容易被模仿而逐渐变成一种习俗、惯例或地方根植性。比如温州汽摩配件产业集群,该产业集群中有数千家生产企业,但产值超过亿元的企业不到两位数,主要生产除汽车车架、发动机以外的汽车配件,企业技术含量普遍不高。温州产业集群处于路径依赖、认知趋同以及社会网络的环境下,不可避免地遇到"产业链位置锁定"问题,企业很难通过学习新技术、新工艺,从传统的生产模式向新的、更有利可图的产业链转移,温州制造产业集群在由分工集群向创新集群转变的过程中面临着较大的困难。

三、外部性变化下的地区转型发展案例

(一)技术外部性减弱影响地区转型发展

这种形式是非市场交互作用的结果,一般表现在城市或工业园区的产业集聚,企业在集聚过程中技术外溢效应较弱,使得地区生产效率和技术水平降低,从而影响地区转型发展。

1.永康保温杯市场的演化

永康保温杯生产起始于20世纪90年代初期,从最初的小批量生产到后来的产品供不应求,大量五金制品小企业纷纷开始生产保温杯。1995年,保温杯生产厂商的急速增加带来了异常激烈的价格战,恶性价格竞争迫使保温杯产业几乎无利可图,产量急剧下降,永康保温杯行业陷入低谷,在短短一年内经历了迅速崛起到产业集群的迅速衰退,成为中国产业集群昙花一现的典型代表。直到2005年,永康保温杯产业才逐渐形成完整的产业链,并拓展了玻璃杯、陶瓷杯、艺术杯等多系列品种。但近几年来,由于市场竞争、产品同质化、技术方面限制等问题的出现,永康保温杯产业集群仍然面临很大的挑战。

一方面,永康五金产品存在附加值低、技术含量低、模仿性较强的特性,使得部分企业通过降低产品质量来降低生产成本,逐渐导致保温杯市场陷入低质量产品形成的"柠檬市场",很多高质量的保温杯企业陷入经营困境。随着保温杯产业的发展,一些企业开始通过专注于技术研发来突破重围。但对于那些专注产品模仿或技术"山寨"化的企业来说,可以快速地进入保温杯市

场,并通过偷工减料、以次充好等途径降低产品的成本投入,从而在市场上分得一杯羹。而那些专注研发的企业,由于受到生产成本和研发时间的限制,在假冒伪劣产品充斥的市场影响下,无法短时间内在保温杯市场占领优势,导致企业失去竞争优势,只能以低于成本的价格销售其产品,企业也无法获得足够的利润。同时,这些专注研发的企业无法发挥自身的技术外溢效应,集群发展也很难继续。

另一方面,近年来,永康保温杯致力于"健康水杯"的开发,通过推广抗菌杯的健康理念得到了行业更多的关注,也在不断攻克保温杯内部制造的新技术难题。但由于保温杯产业集群所形成的网络来自各种社会关系,加上技术信息传递的有限性,其创新成果很容易被其他企业模仿、假冒而侵占,甚至会高速扩散到保温杯产业集群的生产网络。例如,永康在8个月内从几家保温杯生产企业扩大到1300家生产商及其相对应的配套厂家、2000多条保温杯生产线。由于保温杯行业进入壁垒低,以模仿为主的企业极易进入集群内,形成低技术企业扎堆现象。在有限的市场需求下,这些企业会通过价格策略来获得市场份额,甚至会陷入非合作下的均衡——伯川德陷阱,最终导致企业在低技术产品市场上形成一种恶性竞争,保温杯产品质量也趋于同质,直到低质量的保温杯完全占领市场,导致消费者选择退出这个市场,保温杯产业集群在负外部性影响下甚至会走向衰落,影响地区转型发展。

2.丹阳眼镜市场的演化

丹阳眼镜产业起源于20世纪60年代末,由全国最早的"华阳眼镜市场"和"云阳眼镜市场"组成了最初的丹阳眼镜市场,后来经过四期改造,丹阳市成为全国最大的眼镜交易批发市场,并走向国外。近十多年,丹阳眼镜产业结合"眼镜产业+旅游"模式带动了其进一步发展,市场影响力不断扩大,国内市场份额也逐年增加。2009年,丹阳眼镜产业产值超过全国眼镜业的五分之一,被授予"中国眼镜之乡"的称号。但由于自身发展缓慢和市场激烈竞争等因素,丹阳眼镜产业在发展过程中仍面临着很多挑战。

一方面,丹阳眼镜产业集群呈现出"中间大、两头小"的菱形组织结构,即生产制造环节的能力很强,而研发、设计及市场销售、品牌等环节较弱,其技术大多是购买设备时引进的附带转让技术,这些转让技术比较公开,存在一定的同质性,缺乏核心竞争力。如丹阳购买过140多台韩国镀膜机等生产设备,由于自身的研发能力较弱,其技术水平受制于韩国,与日本和欧洲的技术存在一定的差距。尽管一些企业尝试培育自己的专利技术,但其薄弱的技术功底仍然不能适应眼镜产业的快速发展。随着近几年眼镜产业的发展,丹阳眼镜企业在研发方面也有显著的进步,但由于技术研发存在门槛,大多数企业更加专注于产品的模仿或技术"山寨"化,逐步陷入"打工经济"中。丹阳眼镜在国际市场上处于中低端生产环节,在同类市场上较易进入,更加容易出现众多模仿企业扎堆现象,研发企业利润减少。丹阳眼镜市场大多属于工业品牌,在眼镜同行业中有些影响力,但在品牌号召力方面较为欠缺,只依靠低端技术占领低端市场份额却占不到利润,在国外商业品牌竞争下处于被动的一方,其眼镜产业集群的技术溢出效应不显著。

另一方面,丹阳市地处苏南经济板块,同时又处于长三角经济区,民间工商业发展较早,受传统文化和海派文化的影响,其开放性和包容性较强,所以模仿现象也比较普遍。由于眼镜制造业进入门槛较低,没有较为明确的标准,产品潜在的竞争者容易进入,跟风效仿的现象比较常见,那些研发能力较强的大企业的创新产品容易遭到模仿。丹阳眼镜产业多以中低档为主,高附加值的核心链条较薄弱,同类产品的生产商增加迅速,这些小企业依托丹阳眼镜市场,通过不合格的产品取得价格优势,从而建立自己的市场竞争地位。在缺乏行业内的有效管理影响下,这些依靠低技术产品换取竞争优势的企业会出现过度竞争现象,其眼镜产业集群表现为负外部性效应,影响丹阳的地区转型发展。

3.邵东打火机市场的演化

邵东打火机产业兴起于1992年,打火机生产主要是以作坊式生产为主,组装和配件规模很小,发展较缓慢。2000年,打火机产业从沿海地区转向内地,邵东县快速涌现一两百家生产小作坊,由于规模受限,产品质量把控难度大,退货现象常见。2012年,邵东县打火机产业出口量超过25亿只,跃居全国第一位,2013年被认定为湖南省出口基地。经过20多年的发展,邵东县逐步形成了日益完善的打火机产业链,现已成为全国知名的"打火机生产基地"。尽管邵东打火机产业发展呈上升趋势,拥有较强的创汇增收能力,但其打火机产业集群发展过程中仍面临着严峻的问题和挑战。

一方面，邵东打火机的生产技术基地基本借鉴日本技术，企业缺少独有的专利技术，产品的科技含量不高，部分企业质量管理水平较低、质量基础较弱，生产条件比较落后，同时企业内人员流动过大，生产技能熟练程度不够稳定，极大地影响着打火机的质量。尽管邵东打火机产业经过不断发展，与初期的生产技术相比进步较大，但产业集聚内部组织的底层仍然是广而分散的家庭作坊。一些同类企业较易进入打火机生产制造的低端市场，模仿的企业更加容易扎堆在此，利润空间非常有限。对于那些专注研发的企业来说，会在生产成本和时间成本的限制下失去竞争优势，企业利润减少。对于依靠模仿而生存的企业来说，暂时的抢占市场竞争地位并不能带来长远的利益，一旦出现模仿能力更强或掌握核心技术的企业就会被淘汰。

另一方面，邵东县主要负责打火机的贴牌生产环节，其产品档次定位不高，存在产品缺乏创意、产品包装单一等问题。打火机产业依靠低成本、低端技术制造的产品，同质化现象比较严重，档次也大多类似，低水平竞争比较普遍，且大多数企业区域品牌意识不强，只追求自身的眼前利益，通过压低价格来抢占市场份额，有的企业为了占有更大的市场空间，甚至去盲目的效仿和参与企业间的恶性竞争。这些由于低技术产品市场带来的恶性竞争现象，导致打火机产业集群产生负外部性，从而影响企业生产效率和地区转型发展。

（二）金融外部性减弱影响地区转型发展

这种形式是企业市场交互作用的副产品。企业在集聚过程中产业关联效应较差，导致企业生产成本或贸易成本增加，从而制约地区经济发展。

1.织里童装产业集群的演化

织里镇位于湖州市吴兴区，因织造业兴盛而得名，素有"遍闻机杼声"之说。20世纪80年代开始形成"生产在一家一户、规模在千家万户"的童装产业格局，2002年织里镇被评为"中国童装名镇"。经过多年的发展，织里镇成为全国最大的童装产销基地和棉坯布集散中心，童装产业在全镇经济中占据重要地位，如2010年童装产量占到全国总量的35%，童装产业集群发展逐步趋于良好态势。但近几年由于受到经济大环境影响，织里镇的童装产业集群发展受到制约，影响地区产业转型发展。

一方面，童装产业集群没有很好地将上下游企业连接，生产企业大多将设计环节内化于生产加工中，没有形成独立的上游企业配套环节。由于童装生产加工设备较单一、维修等关联服务都在企业内部解决，下游服务机构不能和上游企业对接。而且，织里童装产业规划建设没有完全形成，在整合市区各方资源上并不合理，行业内知名企业也并未形成良性的合作与竞争关系，与其配套的企业并不多，无法形成强大的地区关联产业带，集聚辐射功能不强，产业间的关联度较弱。随着童装产业集群的不断发展，受产业间弱关联度的影响，其童装产业集聚程度受到限制，无法扩大童装产业的市场规模，从而使得企业生产加工的工业化程度不高，大部分企业停留在作坊式的生产加工模式。例如，织里镇著名的六家童装生产加工企业中，只有"今童王"一家企业采用流水线生产方式，整个童装产业在管理水平和经济效益上与其他地区同类产业相差甚远。

另一方面，尽管织里镇童装产业在规模和技术水平上均有较大的提高，但其规模以上企业占比较少，其大部分企业规模偏小，导致童装产业结构不合理，不能实现规模和效率的有效统一，即不能避免"马歇尔冲突"。织里镇的童装虽然位居全国首位，但普遍存在小而散的特点，大规模、档次高的企业比重较少，且个体经营的童装生产加工户占绝大部分，企业间产生分工协作能力也比较困难，很难形成辐射和带动作用。例如，织里镇主要依靠批发销售童装。通过网站运作人员将童装版式提供给采购商挑选，然后生成订单去市场配货，并不是生产加工企业直接与采购商之间进行交易，企业间分工协作能力受到限制，在销售过程中成本增加。除此之外，织里镇区域品牌培育较少，2010年全镇7453家加工企业只有423家注册商标[1]，区域品牌的缺失导致其童装产业定位趋于雷同，大多数品牌生产的服装风格、款式、面料等大同小异，加工企业逐渐失去市场竞争地位。尽管近年来，织里镇童装产业通过电子商务营销模式来改变这种竞争劣势，但电商的运营成本、交易风险、电商对集群发展的影响程度等因素，给企业造成较大损失。织里镇童装产业集群在发展过程中，无法通过价格机制提升童装产业的生产效率，不能为当地创

---

① 数据来源于织里镇童装产业发展办公室和湖州市工商局织里分局。

造更多的价值,表现为较弱的金融外部性,严重制约童装产业集群的地区转型发展。

2.柳市低压电器产业集群的演化

柳市镇地处浙江省乐清市西南区。以柳市镇为中心,白象、七里港、黄华、象阳、翁垟、乐成等乡镇或街道为外围的一带狭小空间,集聚着4000多家民营低压电器生产销售机构,形成庞大的低压电器集群,被誉为"低压电器王国""东方电器之都"。柳市低压电器集群可追溯到20世纪60年代末,其在产生和成长阶段呈现出以"家庭工业+专业市场+供销大军"为主的温州模式特点,随着低压电器集群的不断发展,其在国内市场的占有率高达三分之一,成为全国最大的低压电器出口基地。但随着中国进入WTO,外国低压电器产品的涌入,其低压电器产业集群转型发展面临较大的挑战。

一方面,由于低压电器的品种规格较多,产品价值链也较长,其集群内具有明显的等级制分工结构,单件产品可分解为许多小配件,一个品种又有若干个系列,几个品种又可组装成整机产品。柳市镇电器产业集群的主体由配件生产企业、成品装配企业和销售公司组成,集群内主要以中小企业为主,大型企业相对较少,企业联结关系呈现出环状放射形态。处于内核的企业掌握主动权,中等规模的企业处于产业网络中间层次,而最简单、最低层次的配件生产则由最外层的小企业以及家庭作坊负责,且这些小企业和家庭作坊技术要求相对较低,批量小,无法与其他企业形成较强的产业关联度效应。随着乐清市低压电器产业集群的发展,受其产业间产业关联度的影响,低压电器产业集聚程度受到限制,因而无法扩大低压电器的产业规模,商品的销售和原料供应严重依赖外部市场,限制了集群中家庭工业生产扩张的程度。

另一方面,由于柳市镇低压电器企业参与的仅仅是一些简单组装的环节,其工厂规模和交易量都较小,只能在低附加值环节中从事生产和制造工作,且整个低压电器集群结构呈现塔状分布。处于塔尖的企业较少,单个企业规模较大,且控制着销售网络,形成寡头市场结构;处于塔身和塔底的协作企业数量众多,形成一个完全竞争市场结构。由于底层的企业和顶层企业在分工协作上较弱,下层企业摆脱不了不利的交易地位,导致其生产成本较大,企业不能通过价格机制来提升低压电器的生产效率,表现出较弱的金融外部性,从而制约当地产业的转型发展。近年来,随着其低压电器产业集群的不断演化,面对较落后的集群技术水平和市场竞争压力,柳市镇通过加强企业间分工合作、政府扶持等方式来降低生产成本,逐渐将其产业集群推向一个更加健康、有序、成熟的发展阶段,但受浙江"块状经济"的长期影响,柳市镇低压电器产业集群仍需进一步升级。

3.醴陵陶瓷产业集群的演化

"天下名瓷出醴陵",醴陵市素有"瓷城"美誉,经历了由陶到瓷,由粗瓷到细瓷,再到集日用陶瓷、特种陶瓷、建筑卫生陶瓷三大类4000多个品种的陶瓷生产基地和出口基地。2003年,醴陵陶瓷成为湖南省十大标志性产业。随着陶瓷产业的发展,醴陵市形成了以国光瓷业、群力瓷厂为代表的城北工艺美术瓷产区、沈潭和东富工业陶瓷产区、城南工程陶瓷产区等极具特色的陶瓷工业产业带,其占据湖南省日用瓷产量的95%以上,陶瓷产量位居全国第三位。但在遭受金融危机以后,醴陵市在陶瓷行业的贡献率、出口率都在下降,其陶瓷产业集群面临较大的转型危机。

一方面,大多陶瓷配套企业所提供的产品和服务基本是低端产品和初级服务,包括产品设计、印刷业等。由于其专业化程度不足,无法满足企业配套陶瓷的要求,大多数原料和设备从外地引进过来,如高级花纸和彩盒为深圳所制造、先进的练泥滚压机需从外地订购等。陶瓷产业集群不能仅靠一定数量的企业简单集中,还需要相关配套的上下游企业以及服务业,只有高度集中才能产生显著的规模效应,但醴陵市陶瓷产业群缺少专业的配套企业,下游所用的窑炉大多由湖北中博等公司制造,大量的小微企业难以与龙头企业形成企业联合体。由于缺乏有效的企业组织体系,其集聚层次较低,产业间关联程度更加不明显。陶瓷产业集群在发展过程中存在企业规模过小、产业关联度较弱等问题,无法通过生产要素来扩大市场规模。因此,企业不能凭借规模经济优势在价格竞争上对新进入的企业构成威胁,造成陶瓷产业"进入壁垒低、退出壁垒高"的现象。

另一方面,醴陵陶瓷产业集群专业化程度不高,企业多采取"一条龙"生产模式,制泥、成型、烧制、贴花、包装环节依靠内部解决,这就导致生产环节中技术专业性不强,产业内部、企业之间缺少合理的分工协作方式,且中小企业本身规模较小,在生产营销、研究开发等方面也难形成和发挥规模经济的专业化分工,使得企业间由于分工合作不合理在无形中增加了陶瓷企业的生产和交易成本。陶瓷业是典型的劳动密集型产业,其产品的成本主要来自"三源"(资源、能源和人力资源)三个方面。近年来,"三源"以及煤炭等矿产资源的价格不断上涨,优质高岭土价格呈两位数增长,电力、天然气价格也逐步上调,陶瓷产业的成本一直保持上升趋势,且劳动力工资出现大幅度上扬,大量企业出现"用工荒""招工难"的现象,使得集群内企业生产成本普遍较高,导致企业不能通过价格机制提升陶瓷产业的生产效率。

参考文献

ACEMOGLU D, 2008. Introduction to modern economic growth[M]. New Jersey: Princeton University Press.

AKERLOF G A, 1970. The market for "lemons": quality uncertainty and the market mechanism[J]. The Quarterly Journal of Economics, 84(3):488-500.

ALBINO V, CARBONARA N, SCHIUMA G, 2000. Knowledge in inter-firm relationships in an industrial district[J]. Industry and Higher Education, 14(6): 404-412.

ANDERSSON U, FORSGREN M, HOLM U, 2002. The strategic impact of external networks: subsidiary performance and competence development in the multinational corporation[J]. Strategic Management Journal, 23(11):979-996.

ANTONELLI C, 2000. Collective knowledge communication and innovation: the evidence of technological districts[J]. Regional Studies, 34(6):535-547.

ARELLANO M, BOND S, 1991. Some tests of specification for panel data: monte carlo evidence and an application to employment equations[J]. The Review of Economic Studies, 58(2):277-297.

ARROW K J, 1962. The economic implication of learning by doing[J]. The Review of Economic Studies, 29(6):155-173.

BARBER B, 1995. All economies are "embedded": the career of a concept, and beyond[J]. Social Research, 62(2):387-413.

BATISSE C, 2002. Dynamic externalities and local growth: a panel data analysis applied to chinese provinces[J]. China Economic Review,13(3):231-251.

BOSCHMA R,2005. Proximity and innovation: a critical assessment[J]. Regional Studies,39(1):61-74.

CHINITZ B,1961. Contrasts in agglomeration: new york and pittsburgh[J]. The American Economic Review,51(2):279-289.

DALTON G,1968. Primitive, archaic and modern economies: essays of karl polanyi[M]. New York: Anchor Books.

DAVID P A,1985. Clio and the economics of QWERTY[J]. The American Economic Review,75(2):332-337.

DAYASINDHU N,2002. Embeddedness, knowledge transfer, industry clusters and global competitiveness: a case study of the Indian software industry[J]. Technovation,22(9):551-560.

ELLISON G,GLAESER E L,1997. Geographic concentration in US manufacturing industries: a dartboard approach[J]. Journal of Political Economy,105(5):889-927.

ERNST D,KIM L,2002. Global production networks, knowledge diffusion and local capability formation[J]. Research Policy,31(8-9):1417-1429.

FELDMAN M P,AUDRETSCH D B,1999. Innovation in cities: Science-based diversity, specialization and localized competition[J]. European Economic Review,43(2):409-429.

FORNI M,PABA S,2002. Spillovers and the growth of local industries[J]. The Journal of Industrial Economics,50(2):151-171.

GERTLER M S,2003. Tacit knowledge and the economic geography of context, or the undefinable tacitness of being (there)[J]. Journal of Economic Geography,3(1):75-99.

GLAESER E L,KALLAL H D,SCHEINKMAN J A,et al.,1992. Growth in cities[J]. Journal of Political Economy,100(6):1126-1152.

Gould N E S J,Eldredge N,1972. Punctuated equilibria: an alternative to phyletic gradualism[M]//Models in paleobiology. San Francisco: Freeman Cooper.

GRABHER G, 1993. The embedded firms: on the social-economics of industrial networks[M]. London: Routledge.

GRANOVETTER M, 1985. Economic action and social structure: the problem of embeddedness [J]. American Journal of Sociology, 91(3): 481-510.

HAGEDOORN J, 2006. Understanding the cross-level embeddedness of interfirm partnership formation [J]. Academy of Management Review, 31 (3) : 670-680.

HARRISON B, 1992. Industrial districts: old wine in new bottles? [J]. Region Studies, (26): 469-483.

HENDERSON J V, 1986. Efficiency of resource usage and city size[J]. Journal of Urban Economics, 19(1): 47-70.

HENDERSON V, KUNCORO A, TURMER M, 1995. Industrial development in cities[J]. Journal of Political Economy, 103(5): 1067-1090.

HESS M, 2004. 'Spatial' relationships? Towards a reconceptualization of embedded ness[J]. Progress in Human Geography, 28(2): 165-186.

HYYPIä M, KAUTONEN M, 2005. Dimensions of proximity in relationships between knowledge intensive business service firms and their clients [C]//Regional Studies Association International Conference on Regional Growth Agendas.

JACOBS J, 1969. The economy of cities.[M]// The economy of cities. New York: Random House, 1018-1020.

KLEIN J L, TREMBLAY D, FONTAN J, 2003. Local systems and productive networks in the economic conversion: the case of montreal[J]. Géographie Économie Société, 5(1): 59-75.

KRUGMAN P, 1991. Increasing returns and economic geography [J]. Journal of Political Economy, 99(3): 483-499.

MARSHALL A, 1920. Principles of economics[M]. London: Macmillan.

MARTIN P, MAYER T, MAYNERIS F, 2008. Spatial concentration and firm-level productivity in france[J]. Cepr Discussion Papers, 69(2): 182-195.

MUKKALA K, 2004. Agglomeration economies in the finnish manufacturing sector [J]. Applied Economics, 36(21):2419-2427.

NEFFKE F, HENNING M, BOSCHMA R, et al. 2011. The dynamics of agglomeration externalities along the life cycle of industries [J]. Regional Studies, 45(1):49-65.

NOOTEBOOM B, 1999. Innovation and inter-firm linkages: new implications for policy [J]. Research Policy, 28(8):793-805.

NORTH D C, 1990. Institutions, institutional change and economic performance [M]. New York: Cambridge University Press.

NORTH D C, 1991. Institutions [J]. Journal of Economic Per-spectives, (5):97-112.

OERLEMANS L, MEEUS M, 2005. Do organizational and spatial proximity impact on firm performance? [J]. Regional Studies, 39(1):89-104.

PALIVOS T, WANG P, 1996. Spatial agglomeration and endogenous growth [J]. Regional Science and Urban Economics, 26(6):645-669.

PERROUX F, 1950. Economic space: theory and applications [J]. The Quarterly Journal of Economics, 64(1):89-104.

PORTER M E, 1998. Clusters and the new economics of competition [J]. Harvard Business Review, 76(6):77-90.

ROMER P M, 1989. Endogenous technological change [J]. Nber Working Papers, 98(98):71-102.

SCHAMP E W, RENTMEISTER B, LO V, 2004. Dimensions of proximity in knowledge-based networks: the cases of investment banking and automobile design [J]. European Planning Studies, 12(5):607-624.

SCOTT A J, 1992. The roepke lecture in economic geography the collective order of flexible production agglomerations: lessons for local economic development policy and strategic choice [J]. Economic Geography, 68(3):219-233.

SHAW A T, GILLY J P, 2000. On the analytical dimension of proximity dynamics [J]. Regional Studies, 34(2):169-180.

SMELSER N J, 1992. The sociology of economic life［M］. Boulder：Westview Press.

TORRE A，RALLET A，2005. Proximity and localization［J］. Regional Studies，39（1）：47-59.

UZZI B，1996. The sources and consequences of embeddedness for the economic performance of organizations：the network effect［J］. American Sociological Review，61（4）：674-698.

YOUNG A，2003. Gold into base metals：productivity growth in the people´s republic of china during the reform period［J］. Journal of Political Economy，111（6）：1220-1261.

ZUKIN S，DIMAGGIO P，1990. Structures of capital：the social organization of the economy［M］. New York：Cambridge University Press.

包双叶，2012. 经济结构转型、社会利益分配与生产要素配置［J］.齐鲁学刊（2）：102-105.

蔡之兵，2017. 五大发展理念视角下的经济发展方式转型框架研究——以中国31省市为例［J］.国家行政学院学报（5）：89-94+147.

车晓翠，张平宇，2011. 基于多种量化方法的资源型城市经济转型绩效评价——以大庆市为例［J］.工业技术经济，30（2）：129-136.

陈董媛，2010. 地方产业集群的转型升级研究——基于海宁市皮革产业集群的分析［D］.杭州：浙江工商大学.

陈继勇，梁柱，2011. 货币外部性、技术外部性与FDI区域分布非均衡［J］.国际贸易问题（4）：104-114.

陈伟，韩其峰，2006. 美国128公路地区的衰落与硅谷的成功［J］.中国科技投资（1）：51-53.

程中华，于斌斌，2014. 产业集聚与地区工资差距——基于中国城市数据的空间计量分析［J］.当代经济科学，36（6）：86-94.

丁如曦，赵曦，2015. 中国西部民族地区经济发展方式的主要缺陷与新时期战略转型［J］.云南民族大学学报（哲学社会科学版），32（3）：93-98.

范剑勇，冯猛，李方文，2014. 产业集聚与企业全要素生产率［J］.世界经济

（5）：51-73.

盖晓敏，丛瑞雪，2011. 基于生命周期理论的 FDI 产业集聚根植性研究[J].亚太经济（6）：130-133.

盖晓敏，张文娟，2010. FDI 产业集聚的根植性问题研究[J].管理世界（12）：168-169.

耿建泽，2007. 地域根植性对企业集群发展的影响[J].安徽农业大学学报（社会科学版），16（1）：18-21.

耿玉德，张朝辉，2013. 基于二次相对评价的伊春林业资源型城市经济转型效率测度[J].林业科学，49（7）：150-157.

顾慧君，王文平，2007. 产业集群与社会网络的协同演化——以温州产业集群为例[J].经济问题探索（4）：103-106.

顾凯，2011. 中关村软件产业集群发展研究[D].长春：吉林大学.

郭萍，2008. 全球价值链下惠东制鞋产业集群发展研究[J].企业经济（7）：135-137.

胡佛，1990. 区域经济学导论[M].王翼龙，译.北京：商务印书馆.

黄海峰，李奇亮，2013. 贫困山区农村经济转型研究——以四川省通江县茶产业经济转型为例[J].农村经济（8）：46-50.

黄新华，2002. 中国经济体制改革的制度分析[D].厦门：厦门大学.

霍苗，李凯，李世杰，2011. 根植性、路径依赖性与产业集群发展[J].科学学与科学技术管理，32（11）：105-110.

蒋殿春，张宇，2008. 经济转型与外商直接投资技术溢出效应[J].经济研究（7）：26-38.

金春雨，程浩，李琪，2015. 制造业集聚外部性与经济增长非线性关系实证分析——基于面板平滑[J].学习与探索（12）：117-122.

金晓燕，2008. 集群根植性作用机制研究[J].经济论坛（23）：7-10.

孔田平，2012. 中东欧经济转型的成就与挑战[J].经济社会体制比较（2）：60-72.

勒施，1995. 经济空间秩序——经济财货与地理间的关系[M].王守礼，译.北京：商务印书馆.

雷平,2009.我国信息产业制造业集聚效应与区域根植性——基于省际面板数据的研究[J].软科学,23(10):12-16.

李斌雄,2011.东莞市探索加工贸易转型升级的实践及借鉴[J].宁波通讯(4):30-31.

李传志,2010.东莞玩具产业升级对策[J].东莞理工学院学报,17(4):13-17.

李家祥,陈燕,2000.我国经济增长方式转型理论的发展与启示[J].世界经济文汇(2):68-72.

李米龙,2016.长江经济带农村经济发展的特征及范式转型[J].改革与战略,32(9):70-73.

李明岩,2011.跨国公司在华投资战略调整历程及启示[D].石家庄:河北师范大学.

李宁,2009.基于产业集群理论的"海宁皮革"区域品牌管理研究[D].成都:西南交通大学.

李雪,2015.基于自组织原理的产业集群衰退机理研究[D].沈阳:东北大学.

李政大,袁晓玲,苏玉波,2017.中国经济发展方式转型效果评估——基于EBM-Luenberger模型[J].财贸经济,38(1):21-33.

林竞君,2005.网络、社会资本与集群生命周期研究[M].上海:上海人民出版社.

林柯,吕想科,2015.路径依赖、锁定效应与产业集群发展的风险——以美国底特律汽车产业集群为例[J].区域经济评论(1):108-113.

刘恒江,陈继祥,2005.要素、动力机制与竞争优势:产业集群的发展逻辑[J].中国软科学(2):125-130.

刘卫东,2003.论全球化与地区发展之间的辩证关系——被动嵌入[J].世界地理研究,12(1):1-9.

刘湘桂,李阳春,2012.基于因子分析的广西城市经济转型评价实证研究[J].科技和产业,12(7):24-27.

刘志彪,陈柳,2014.政策标准、路径与措施:经济转型升级的进一步思考[J].南京大学学报(哲学.人文科学.社会科学),51(5):48-56+158.

鲁开垠,2006.产业集群社会网络的根植性与核心能力研究[J].广东社会科学

(2):41-46.

罗良忠,史占中,2003. 硅谷与128公路——美国高科技园区发展模式借鉴与启示[J].研究与发展管理,15(12):49-54.

罗卫国,袁明仁,2012. 东莞台资企业转型升级的实践与探索[J].广东经济(4):47-51.

吕健,2014. 政绩竞赛、经济转型与地方政府债务增长[J].中国软科学(8):17-28.

吕炜,王娟,2011. 中国的经济结构转型缘何难以实现——基于公共投资、经济增长与结构转型关系视角的研究[J].财贸经济(6):10-16+136.

马文成,田杰,2012. 中关村信息产业集群模式及其启示[J].情报杂志,31(3):108-111.

迈克尔·波特,2002. 国家竞争优势[M].李明轩,邱如美,译.北京:华夏出版社.

聂正安,2008.岭南文化嵌入性对珠三角本土企业组织学习的影响[J].广东商学院学报(2):47-54.

庞智强,王必达,2012.资源枯竭地区经济转型评价体系研究[J].统计研究,29(2):73-79.

彭向,蒋传海,2011.产业集聚、知识溢出与地区创新——基于中国工业行业的实证检验[J].经济学(季刊),10(3):913-934.

秦兴方,2007.促进原发性产业集群升级的一种模式——江苏杭集洗漱用品产业集群升级的解读[J].扬州大学学报(人文社会科学版),11(3):25-30.

丘海雄,于永慧,2007.嵌入性与根植性——产业集群研究中两个概念的辨析[J].广东社会科学(1):175-181.

邱国栋,陈景辉,2010.跨国公司在中国沿海开发区的嵌入性研究[J].财经问题研究(9):88-95.

盛其红,2004.根植与集群的发展[D].杭州:浙江大学.

史本叶,2016.我国人口结构变化对经济转型的影响[J].人口学刊,38(4):17-24.

宋军,张列平,2000.工业企业集团综合实力评价指标体系[J].工业工程与管理,5(2):37-41.

苏东水,1999.泉州发展战略研究[M].上海:复旦大学出版社.

苏红键,赵坚,2011.产业专业化、职能专业化与城市经济增长——基于中国地级单位面板数据的研究[J].中国工业经济(4):25-34.

孙权,2016.FDI促进产业结构优化了吗?——基于面板固定效应模型的实证研究[J].商(12):281-282.

孙晓华,周玲玲,2013.多样化、专业化、城市规模与经济增长——基于中国地级市面板数据的实证检验[J].管理工程学报,27(2):71-78.

汪淼,周其明,2011.深圳市电子信息产业优化升级浅探[J].开放导刊(6):73-76.

王春晖,赵伟,2014.集聚外部性与地区产业升级:一个区域开放视角的理论模型[J].国际贸易问题(4):67-77.

王缉慈,2001.创新的空间[M].北京:北京大学出版社.

王静华,2007.地方根植性与产业集群衰退[J].当代财经,(3):92-95.

王鹏,赵捷,2011.产业结构调整与区域创新互动关系研究——基于我国2002—2008年的省际数据[J].产业经济研究(4):53-60.

王泽宇,张震,韩增林,等,2015.中国15个副省级城市经济转型成效测度及影响因素分析[J].地理科学,35(11):1388-1396.

韦伯,1997.工业区位论[M].李刚剑,陈志人,张英保,译.北京:商务印书馆.

夏瑞环,2011.跨国公司对华投资战略调整与对策[D].南宁:广西大学.

项后军,2004.外资企业的迁移及其根植性问题研究——以台资企业为例[J].浙江社会科学(3):67-72.

徐美,刘春腊,2015.区域经济转型度的内涵及其评价——以湘西地区为例[J].自然资源学报,30(10):1675-1685.

徐晓光,许文,郑尊信,2015.金融集聚对经济转型的溢出效应分析——以深圳为例[J].经济学动态(11):90-97.

杨成,2008."第二次转型"的理论向度与原社会主义国家转型的多样性——以普京时代的俄罗斯制度转型为例[J].俄罗斯研究(4):12-26.

杨振兵,2014.FDI是否会迅速逃离:基于工业行业根植性的视角[J].当代经济科学,36(4):1-9+124.

杨子武,2016.上海、杭州、宁波、深圳电子商务产业集群发展现状调研与分析[J].企业导报(5):102-103.

姚先国,1997.东欧国家经济体制转型的进展与启示[J].世界经济文汇(4):7-13.

尹子民,张凤新,2004.企业竞争力评价与可持续发展战略研究[M].长春:东北大学出版社.

于斌斌,金刚,2014.中国城市结构调整与模式选择的空间溢出效应[J].中国工业经济(2):31-44.

于光,2007.矿业城市经济转型理论与评价方法研究[D].北京:中国地质大学.

于喜展,隋映辉,2009.系统创新与资源型城市产业转型协调发展评价[J].煤炭经济研究(11):48-50.

于永慧,丘海雄,2010.产业集群与企业边界的嵌入性研究[M].北京:经济科学出版社.

张平,刘霞辉,袁富华,2013.中国经济转型的结构性特征、风险与效率提升路径[J].经济研究,48(10):4-17+28.

张彤,李涵,宋瑞超,2014.产业结构调整与经济转型下的产业现状与展望——"2014产业经济与公共政策双年会"综述[J].经济研究,49(6):185-188+192.

张志强,2014.动态外部性、产业异质性与中国区域产业的协同发展[J].产业经济评论,13(3):116-143.

赵蓓,2004.嵌入性与产业群竞争力:理论研究与分析框架[J].东南学术(6):138-145.

赵蓓,莽丽,2004.外资与中国产业集群发展:从嵌入性角度的分析[J].福建论坛(人文社会科学版)(7):29-32.

赵雅琼,2017.根植性视角的企业再地方化研究——以河南省为例[D].金华:浙江师范大学.

赵岳阳,2010.中国经济发展方式转变的盲点与对策[C]//中国国有经济发展论坛暨"中国经济发展方式转变与国有经济战略调整"学术研讨会论文集.长春:吉林大学中国国有经济研究中心.

郑亚莉,潘松挺,刘帅,2012.多层次创新网络与产业集群升级——以海宁皮革产业集群为例[J].统计科学与实践(7):18-20.

周建波,2013.资源型经济何以成功转型——转型成功国家的转型战略和启示[J].经济问题(4):84-88.

朱华友,等,2015.我国沿海外贸加工集群的去地方化问题[M].北京:经济科学出版社.

朱松岭,陈星,2008."大陆台商"的非植根性状态与植根性趋势——基于新经济社会学视角的审视[J].北京联合大学学报(人文社会科学版),6(3):84-91.

朱英明,2005.产业集群与特色经济发展研究——以江苏扬州杭集牙刷产业集群为例[J].工业技术经济,24(3):18-19.

朱元秀,徐长乐,2014.长三角地区转型发展的进程评价[J].华东经济管理,28(9):59-65.

庄晋财,2003.企业集群地域根植性的理论演进及其政策含义[J].财经问题研究,27(4):19-23.

后 记

本书在国家自然科学基金项目"企业再地方化与地区转型发展:机理与路径"(项目批准号:41571112)和浙江省自然科学基金项目"产业集聚的企业根植性、空间外部性与地区转型发展"(项目批准号:LY16D010002)的共同资助下完成。

本书禀承了笔者之前的国家自然科学基金项目"我国沿海外贸加工集群的去地方化问题研究"的思想设计而成,设计过程中多次得到北京大学王缉慈先生的教海,多次与广西大学张林教授深入探讨,他们的学术思想为本书提供了丰富的精神营养。在研究过程中,项目组深入访谈了浙江省、福建省、安徽省、河南省、江西省和广西壮族自治区的多个工业园区和数十家企业,得到了来自各方的帮助和支持。各园区和企业负责人及相关部门给予了积极热情的接待,并提供了大量的资料和数据。我院的年轻博士蒋自然、马兴超和陈金英也经常参与学术探讨,并提出了一些很好的建议,在此一并致谢!

我的研究生参与了项目研究和本书撰写,具体分工情况如下:胡天宇、李涵同学参与了第二章的撰写,赵雅琼同学参与了第三章的撰写,代泽娟、李涵、陈丹波和王文鹏同学参与了第四章的撰写,章孝琴同学参与了第五章的撰写,章孝琴、张亚军和夏磊同学参与了第六章的撰写。

本书参考了大量国内外学者的文献,在此表示衷心的感谢!

朱华友

二〇一八年九月十六日